文化吉林

寧江卷

弘揚長白山文化
打響吉林特色地域文化品牌

王儒林

　　吉林有文化，而且吉林文化有底蘊、有潛力、有特色、有希望。從前郭縣王府屯距今約一百萬年的石製工具到距今十六萬年的樺甸仙人洞和距今三萬年的榆樹人，從燕趙文化東進到漢武帝設四郡，從扶餘、高句麗、渤海文明的興衰更替到遼金、清朝問鼎中原，從抗日烽火、解放硝煙到新中國老工業基地的紅色記憶，從二人轉、吉劇、長影到吉林期刊、吉林歌舞和吉林電視劇現象，勤勞智慧、淳樸善良、勇於開拓的吉林人民在白山松水間創造出絢麗多彩的地域文化，成為中國文化版圖上一道獨特風景。

　　文化與山素來結緣，正如泰山之於魯，嵩山之於豫，黃山之於皖，長白山是吉林的象徵、吉林的品牌。吉林文化始終與長白山難捨難分、血脈相連，集中體現於長白山文化之中。長白山文化發源和根植於吉林沃土，是包容吉林各民族文化、蘊含吉林發展歷史、反映吉林人性格特質、凸顯吉林氣派的「大文化」，是中華民族「多元一體」文化的重要組成部分，源遠流長、博大精深，構成了吉林文化的骨骼和脊梁。在地域文化越來越受到人們關注、文化軟實力越來越成為衡量一個地區核心競爭力的重要指標的當今時代，大力弘揚作為吉林文化標誌性符號的長白山文化，把這份寶貴的文化資源保護好、挖掘好、利用好、開發好，對於打響吉林特色地域文化品牌，鑄造極具時代內涵的吉林精神，提升吉林文化軟實力，凝聚吉林改革發展正能量，無疑具有十分重要的現實意義。

近年來，我省大力推進以優秀吉林地域文化為主要內容的長白山文化建設，出台了《長白山文化建設規劃綱要》，啟動實施了長白山文化建設工程，在長白山文化資源保護研究、挖掘整理、開發利用等方面做了大量工作，取得了顯著成績。我們要進一步加強長白山文化理論研究，豐富長白山文化內核和外延，進一步加強長白山文化遺產的發掘、保護和展示推介力度，擴大長白山文化的影響力，進一步加強對長白山文化內涵的拓展和提升，把長白山文化資源更好地轉化為文化產品、文化事業和文化產業，推動長白山文化建設躍上新台階，推動吉林文化大發展大繁榮，為實現富民強省目標、中華民族偉大復興、中國夢做出貢獻。深入挖掘、研究、整理長白山歷史文化，既是一項宏大浩繁的系統工程，又是一項功在當代、利在千秋的基礎工程。希望有更多有識、有志之士投身長白山文化建設事業，讓這份寶貴的文化資源更好地服務於當代，惠澤於未來。

　　由省委宣傳部組織編撰的《長白山文化書庫》系列叢書，是長白山文化建設工程的重要標誌性成果。叢書從基礎研究、地方特色、主要藝術門類三部分，對長白山文化的歷史資源進行了全面細緻的挖掘和整理，堪稱長白山文化研究與普及的鴻篇巨製，不僅對研究和宣傳長白山文化大有裨益，而且對培育吉林文化品牌、樹立吉林文化形象也將產生積極的促進作用。在叢書即將付梓之際，謹表祝賀並向全體工作人員致以問候。

主編寄語

莊嚴

　　長白奇迤蘊靈秀，松江悠長毓文傑。千百年來，雄渾壯美的白山松水賦予了肥沃豐饒的吉林大地以生機和活力，滋養了吉林人民勤勞睿智、堅韌進取、寬容開放的精神品格，積澱了多元融合、底蘊深厚、色彩斑斕的地域文化。這獨具魅力的吉林特色地域文化猶如一株馥鬱芳香的花朵，在中華民族文化百花園中爭妍綻放。

　　文化是經濟發展之根，是社會發展之源。省委、省政府高度重視文化建設，制定出臺了《長白山文化建設規劃綱要》，把吉林省歷史文化資源工程列入宣傳思想文化工作「六大工程」之一。省委宣傳部深入貫徹落實省委、省政府的要求，開展《長白山文化書庫》建設，啟動實施了《文化吉林》叢書編撰工作，將其作為全省宣傳思想文化工作的重要舉措，周密部署，精心組織，強力推進，取得了預期成果，為全省人民奉獻了一份珍貴的精神食糧。

　　《文化吉林》叢書是《長白山文化書庫》中全景展現特色地域文化的重要組成部分。年初以來，我省廣大宣傳文化工作者以對家鄉、對歷史、對文化事業的高度責任感和使命感，不畏繁難，勤勉執著，嚴謹認真，精益求精，在資料收集、遺產挖掘、書稿撰寫等方面付出了大量艱辛的努力，進行了許多開創性的探索和實踐，圓滿完成了這次編撰任務。叢書編撰秉承傳播和弘揚吉林文化的理念，梳理總結吉林文化資源，提煉昇華吉林文化精髓，激發增強吉林人的文化自覺、文化自信，使優秀文化更好地服務於吉林的發展振興。

《文化吉林》內涵豐富，圖文並茂，辭美情摯，引人入勝，是人們認識吉林、瞭解吉林、研究吉林的概覽長卷，是吉林文化走向全國，面向國際的真誠心聲。叢書真實勾勒了吉林文化歲月滄桑的歷史縱深，生動展現了吉林文化多姿多彩的時代律動，帶我們走進吉林地域文化演進的舞臺，親身感受風雲激盪的文化事件，出類拔萃的文化人物，領略淵深源遠的文化景觀，妙趣橫生的文化傳說，體驗琳瑯紛呈的文化產品，淳樸濃郁的文化民俗。叢書將吉林文化的發展脈絡、現狀和未來，客觀詳盡地展現給廣大讀者，是一部能夠讀得進去、傳播開來、傳承下去的佳作精品。

　　鑒往以勵志，展卷當奮發。《文化吉林》這套融史料性、知識性、可讀性於一體的叢書，為我們進一步保護、研究、開發吉林地域特色文化提供了重要史料資源。作為後繼者，當代吉林人有責任、有義務肩負起將吉林文化充分融入社會主義核心價值觀，推動吉林文化發展進步的歷史使命，讓優秀傳統文化在繼承中創新，在創新中前行，在全國文化發展大格局中唱響吉林「聲音」，打造吉林文化品牌，樹立文化吉林形象。

第三章・文化名人

第四章・文化景址

第六章・文化風俗

第一章 ——

文化發展概述

松原市寧江區,古稱伯都訥。在研究寧江地域文化中,為全方位地展示這一地域歷史和當代文化的全貌,我們將這一地域文化命名為伯都訥文化。伯都訥,作為地名,是一個古老的概念;伯都訥文化,作為一種古老而又不乏在民族文化的融合中與時俱進的地域文化,既蘊含著地方滿族厚重的歷史和文化的積澱,也反映著地方滿族文化與其他各族文化特別是漢族文化不斷融合、不斷發展的新的內涵。

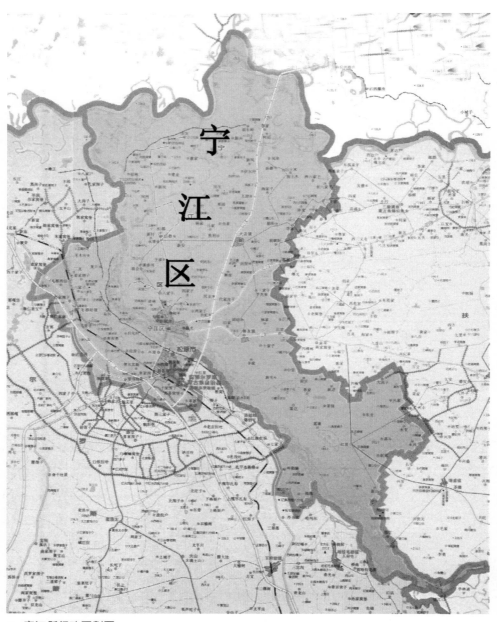

▲ 寧江縣行政區劃圖

寧江區區情概述

松原市寧江區，地處松嫩平原腹地，地腴水美、物產豐富、林茂糧豐，是孫中山先生稱之為「東鎮」的東北經濟重鎮。作為松原市的唯一城區，它是松原市政治、經濟、文化的中心。轄區面積1313平方公里，其中城區面積69.4平方公里，東與扶餘市為鄰，西、南與前郭爾羅斯蒙古族自治縣接壤，北與黑龍江省肇源縣隔江相望。寧江區轄五個鄉鎮、十七個街道，總人口五十三萬。

寧江區文化底蘊深厚，滿族文化源遠流長。早在春秋戰國時期，濊貊、夫餘人就率先開墾了這塊蠻荒之地，開創了東北民族的古代文明。遼末，靺鞨的後裔女真人首戰寧江州告捷，拉開了反遼的序幕，第二年建立了金朝，繼而滅遼朝，敗北宋，形成了中國歷史上第二個南北朝時期，前後長達一二〇年之久。清康熙三十一年（1692年）設置伯都訥，移吉林副都統於此，稱伯都訥副都統，駐伯都訥舊城（伯都訥兵站址）；次年建伯都訥新城（今松原市寧江區江北市區中心地帶）。嘉慶十五年（1810年）置伯都訥廳，轄區為今寧江區（江北部分）、扶餘市、榆樹市。光緒三十二年（1906年），撤伯都訥廳，設新城府，與榆樹分治，轄區為今寧江區（江北部分）和扶餘市。宣統元年（1909年）裁副都統。1913年撤府立縣，改稱新城縣，次年改稱扶餘縣，直至1987年11月撤縣變扶餘市（縣級），轄區不變。1992年成立松原市，扶餘市改為松原市扶餘區，下轄單位增加了江南原屬前郭縣城區的三個街道一鄉一鎮。1995年7月，國務院下發《國務院關於同意吉林省設立扶餘縣和松原市扶餘區更名為

▲ 松花江大橋

寧江區的批覆》；9月，吉林省人民政府下發《關於設立扶餘縣和松原市扶餘區更名為寧江區的通知》；12月12日，寧江區掛牌，轄區為原扶餘區西部的九個鄉鎮和區轄的十個街道辦事處。

縱觀寧江歷史，由扶餘到靺鞨，由靺鞨到女真直至滿洲族，始終是滿族及其先民的世居之地，是滿族文化的發祥地，是滿族新城戲誕生的搖籃，是被譽為「宋代蘇武」的愛國英雄洪皓傳播中原文化的地方，還是滿族新城戲創始人程殿選、「左翼」作家師田手的故鄉。

寧江區物華天寶，資源豐富。現已探明石油儲量10.6億噸，天然氣儲量185億立方米，是中國第六大油田——吉林油田的主產區。百公里半徑內年產玉米400萬噸、水稻120萬噸、大豆50萬噸、高粱40萬噸、花生20萬噸、雜豆15萬噸，周圍100萬公頃草原年產肉類40萬噸，牧業總產值每年可達45億元。松花江、嫩江交織縱橫，水資源豐富，電力資源充足，水產資源豐富，年產鮮魚100萬噸，以盛產41種淡水魚聞名省內外。

▲ 油田採油實景

▲ 寧江區遠眺

寧江區旅遊資源得天獨厚。美麗的松花江穿城而過，松花江大橋雄偉壯觀，江心島上鳥語花香，松花江邊遊人如潮，森林公園景色宜人。區內有古遺址、古城址、古墓葬、古廟宇百餘處。城市建設日新月異，吸納古典之優雅，匯聚現代之時尚，打造人文景觀與自然的融合。三江口濕地自然保護區，即將融入東北三省文化旅遊市場。旅遊資源開發前景廣闊。

寧江區地理位置優越，是東北三省

重要的交通樞紐和物流中心。東南臨長春市，東北臨哈爾濱市，南臨四平市，西臨白城市，北與大慶市隔江相望。區內鐵路、公路、水路四通八達。京哈、長白、通讓鐵路及203高速公路、京哈高速公路、102國道、圖烏、開方等國省級公路貫通東西南北。水運條件得天獨厚，松原港通江達海，向東直溯吉林市，向西經嫩江可達齊齊哈

▲ 秀麗寧江

爾市，向北經松花江下游可達哈爾濱市，並可直接進入俄羅斯各港，七小時到達營口鮁魚圈港，十小時到達大連港。九十分鐘到達長春龍嘉機場，一二〇分鐘到達哈爾濱太平機場。

　　寧江區的區位、氣候、資源優勢，為這裡農、林、牧、漁業的發展提供了有利條件，也為工交、商貿、社會事業的綜合發展和地方文化的發展繁榮奠定了重要的物質基礎。隨著域內土地的漸次開發，清朝中期以後，大批漢民相繼移入，把悠久的中原文化帶到這裡，並和地方民族文化融合，使地方文化得以快速發展。

　　一九九五年寧江區的成立，開啟了文化發展的新紀元。歷經「九五」「十五」「十一五」和正在實施的「十二五」文化體育事業五年計劃發展綱要，在豐厚的歷史文化積澱的影響下，寧江區文化發展呈現出群眾文化豐富多彩、群眾體育蓬勃發展、文化市場繁榮有序、文物保護力度加大、專業藝術不斷創新、品牌文化日益突出的大文化格局。

▲ 寧江區文學藝術界聯合會第五次代表大會

寧江區文聯先後建立作家、詩歌、美術、書法、攝影、音樂、舞蹈、傳統文化八個協會。二〇〇七年五月，來自寧江區的行政機關、企

事業單位和部分松原市直機關、吉林油田以及個體戶的一批攝影愛好者組織成立了「吉林省伯都訥攝影家協會」。二○○八年一月，寧江區組織成立「伯都訥文化研究會」。二○一二年，以一批退休老幹部為骨幹的詩書畫愛好者，組織成立「寧江區老年詩書畫研究會」。這些文化團體的成立，為寧江區文化的繁榮發展起到了重要的助推作用。

▲ 腰鼓表演

▲ 太極扇表演

寧江區文化發展概述

　　伯都訥這方沃土所在的松嫩平原，孕育了世代生活繁衍在這塊沃土上的滿族及其他各族人民源遠流長的文明史。伯都訥文化，作為我們賦予她的地域文化的命名，將代表著這方沃土上以滿族文化為特色的地域文化形成和發展的全部內容。

　　伯都訥文化，是伯都訥地方的地域文化。所謂地域文化，是在一定的地域範圍內長期形成的歷史遺存、文化形態、社會習俗、生產生活方式等，是由自然、社會、人文三重因素所決定的，這三重因素在歷史進程中被統一稱為

▲ 寧江掠影

某種地域性文化特色。伯都訥文化，又是生活在伯都訥地方的以滿族為代表的各民族在其歷史發展過程中創造和發展起來的具有強烈的滿族特點的文化。所以，伯都訥文化應該包含伯都訥地方以滿族為代表的各民族共同創造的一切物質文化和精神文化，既包含著飲食、服飾、建築、生產生活用品和遺址、文物等屬於物質文化方面的內容，也包含著語言、文字、文學、科學、藝術、哲學、宗教、風俗等屬於精神文化的內容。

　　伯都訥地方地處松嫩平原腹地，松花江幹流和拉林河繞境流過，作為界河，把伯都訥地方同郭爾羅斯草原分開。在這塊河間台地上，從西元五世紀末肅慎族系的後裔勿吉人滅扶餘、勿吉七部之一伯咄部入據本地以來，在傳承較

▲ 寧江區城市一角

為先進的扶餘文化的同時，進一步發展著本民族的文化。「伯咄」，同後來的「伯都訥」，為不同歷史時期對同一族稱的不同漢譯，故勿吉（靺鞨）後裔女真建立後金政權後，在這裡設立兵站，稱伯都訥站；清初在此地設治，置副都統，稱伯都訥副都統。從南北朝時期到清末，長期以來，伯都訥一直是資料記載的這方台地的地域名稱。所以我們又把這裡的地域文化稱之為「伯都訥文化」，既明確了伯都訥地方地域文化的概念，也可以視為松嫩平原腹地特有的以滿族文化為代表的地域文化的概念。

作為「一定社會的政治和經濟在觀念形態上的反映」，文化會因時間向度的演進而具有時代性，又會因空間向度的展開而具有地域性。伯都訥文化，之所以具有時代性，就是因為她反映了扶餘——女真——滿族人以及蒙、回、朝鮮、漢等各族人民世代在這裡生產生活、繁衍生息在時間向度上的演進；伯都訥文化之所以又具有地域性，就是因為她是在伯都訥這塊沃土的空間向度上展開的。伯都訥文化是整個松原文化的一部分，她既包含了三條江河圍繞的河間台地上以滿族文化為代表的多民族文化融合形成的漁獵文化、農耕文化，也包含著台地上部分草原地區的具有蒙古族文化特色的草原游牧文化。在伯都訥文化當中，以農耕文化為主體的三種文化既有著明顯的區別，也有著很多的交叉和包容。歷史地看，漁獵文化、草原游牧文化、農耕文化是在伯都訥地方不同的地域、不同程度地交織、影響，在互相促進中競相發展的。

從濊貊——扶餘民族文化的產生、發展，到勿吉——女真文化的演進，以及滿族文化的形成，在發展中接受中原漢族文化及草原地區蒙古族文化的影響，伯都訥文化每前進一步，都兼收並蓄，歷盡滄桑，應該說伯都訥文化就是伯都訥地方以滿族為代表的各族人民長期以來在生產生活、實踐活動中創造出來的、以農耕文化為主，以漁獵文化、草原文化為輔的三種文化的有機結合。

伯都訥文化產生、發展的區位優勢和資源基礎

伯都訥文化的形成，同優越的地理位置有著必然的連繫。伯都訥地方位於松嫩平原腹地，松花江、拉林河繞境流過，一方三面環水的河間台地，楔入一望無際的科爾沁草原。

伯都訥地方地處北溫帶，居於東北玉米黃金帶中部，這裡氣候適宜、土地肥沃，盛產玉米、大豆、穀子、高粱；這裡水源充足，三條江河繞境流淌，境內沿江階地平原上湖沼棋布，自古便被人們譽為「魚米之鄉」；在這片沃土的地下，有豐富的石油和天然氣，這裡曾是吉林省最大、也是最早的石油基地。伯都訥的區位優勢，造就了伯都訥文化形成發展得天獨厚的優越條件。

伯都訥這片黑土地，蘊藏著豐富的資源。這方河間台地土質肥沃，黑土、黑鈣土、沖積土是這片土地上土壤的主要組成部分；這裡日照充足，雨水比較充沛，地下水資源豐富，四季分明，適於農作物生長；這裡地下石油資源豐厚，蘊藉著人們跨越式前進的理想；這裡三面環水，碧藍的江河湖沼，給人們以舟、漁、鹽鹼、水電之利；這裡還有成片的草原，承載著畜牧業發展的希望。這些都是伯都訥文化得以產生、發展、繁榮的物質基礎。

生活在伯都訥地方的各族群眾在開發、利用這些資源的生產、生活活動中，產生並發展著這裡的以滿族文化為主要特點的地域文化。伯都訥地方豐富的資源為伯都訥文化的產生和發展，提供了必要的條件，奠定了重要的物質基礎。

伯都訥文化的重要特徵

同其他地域民族文化一樣，伯都訥文化也有著自己的鮮明特徵。

多樣性和多層次性

作為觀念形態的文化，都是一定時代經濟發展和社會發展的產物。從生產方式看，伯都訥地方自滿族人的祖先肅慎族系的後裔勿吉伯咄部入據本地以來，在保留原始的漁獵和畜牧生產的同時，學習並發展了扶餘人較先進的農業生產技術，使農耕文化成為地方主要的生產形態。到遼金時期，已經有了比較發達的農業。反映在文化形態上，與其經濟狀況相適應，在伯都

▲ 勿吉伯咄部入據伯都訥圖

訥地方則產生了漁獵文化、農耕文化、草原文化和農牧漁獵兼有的混合型文化。在由松花江、拉林河環繞而形成的河間台地這一區域內，包含著多種文化類型，這是伯都訥文化最顯著的特點，這與中原某些地方那種一脈相承的單一的農耕文化和某些草原地區的單一的牧業文化等相比，存在著很大的區別。

伯都訥地方從扶餘到遼金一脈相承的農耕文化，一直成為本地區早期地域文化中的先進文化部分，她啟蒙於扶餘國時期，發展於遼、金時期，形成於清朝中期。而伯都訥地方的漁獵和牧業文化，總的看是一直附屬於地方農耕文化的。幾種文化有主有從地並存、交融、協調發展，充分體現了伯都訥地域文化的多層次性。

多民族文化的兼容並蓄

伯都訥地區是多民族聚居和雜居的地方，這裡世代生活著具有悠久歷史和

▲ 滿族舞蹈

優秀文化傳統的民族。無論是濊貊族系的扶餘人，還是東胡族系的契丹、蒙古、錫伯族，或者是肅慎族系的勿吉、女真、滿族，都流傳有豐富的有關民族起源的神話、立國的傳說以及民間歌謠等口頭文學，當然也創造了不朽的文學、歌舞、繪畫、建築等方面的文化。在文化的內涵和形式上，伯都訥地方的滿族和包括漢族在內的其他各族雖處在不同的社會發展階段和不同的文化層次，雖然也在發展的進程中不斷地融合，但那些充分表現本民族特點的文化現象，則在很大程度上有所保留。所以，伯都訥滿族文化的民族特色是十分鮮明而突出的，是包括滿族、蒙古族、漢族以及其他民族在內的各民族文化互相包容的異彩薈萃的地域文化。

在這種多元文化的共存中，其中最有特色的是薩滿教原始宗教文化。伯都訥可說是薩滿教的故鄉。契丹、女真、蒙古、錫伯族，乃至其後的滿族，大多信仰薩滿教。屬於原始信仰的薩滿教流傳比較廣泛，在遙遠而漫長的古代，曾

廣泛流行於包括伯都訥地區在內的松遼大地及毗鄰地區。薩滿教的宗旨和廣大信仰薩滿教的滿族及其他各族人的希冀和追求，具有鮮明的務實精神和功利主義特徵。這種原始宗教的影響，反映到文化上，在祭祀文化、民俗文化、歌舞文化、說唱文化等方面，表現得尤為明顯。

古樸、質實、遒勁的文化特質

松花江、拉林河秀水滋潤的文化特質，充分展示了一方水土一方人的情懷。伯都訥地方以滿族為代表的各族群眾，同整個東北地區的各族群眾一樣，一直生活在氣候較為寒冷的北方，生活條件比較艱苦，為了求生存，人們必須同嚴酷的生存條件作堅苦卓絕的鬥爭，這就造就了伯都訥各族群眾同東北地區各族群眾一樣粗獷剽悍、質樸豪爽的民族氣質和剛毅品格。反映在文化上，也必然形成一種與廣大松遼地區相一致的剛健、磊落、激昂、慷慨的格調，洋溢著奮發向上、開拓進取、樂觀大度、淳樸豪爽的精神風貌。這種古樸、質實、遒勁的文化特質與格調，在伯都訥滿族文化的形成與發展中，千百年來相沿不衰，在發展、融合中不斷得到加強。

作為松原文化的重要組成部分，伯都訥文化同整個松原文化一樣源遠流長，形成了一條屢興不衰的歷史文化長河，並在其自身的發展過程中，形成了古代、近現代和當代三個文化發展階段。

古代伯都訥文化

先秦時期，這裡是濊貊世居的漁獵之地，他們在這裡從事著原始的漁獵生產和簡單的農耕生產，創造了地方早期的原始漁獵文化和處於萌芽狀態的農耕文化。屬於濊貊族系的扶餘人立國後，發展了這裡的農業和早期的畜牧業，扶餘人已經開始使用鐵製農具，他們是寧江地方最早的土地開發者。在發展農業的同時，扶餘與中原的漢朝及後來的魏、晉漢族政權在政治上保持著臣屬關係，經濟、文化和貿易往來頻繁。文化方面接受漢族文化影響，逐漸形成了這

▲ 扶餘農耕漁獵圖

裡早期的地域文化雛形——扶餘文化。

滿族的祖先肅慎族系後裔勿吉人滅扶餘後，其中的一部勿吉伯咄部入據伯都訥地方，融合了當地部分土著居民扶餘人（史稱「扶餘靺鞨」）後，在保留肅慎族系原始文化元素的同時，學習、繼承和發展了最早開發這片沃土的扶餘人創造的扶餘文化。遼朝統一東北後，黑水靺鞨的後裔女真崛起，對遼王朝構成潛在的威脅，遼朝在這裡曾建立軍政重鎮和商貿邊城寧江州（今伯都古城址）。為反對遼朝的殘酷統治，「生女真」（指未加入遼國戶籍的女真人）完顏部曾在拉林河畔誓師起兵，下寧江州，戰出河店，攻長春州，繼而橫掃大片遼國領土，終於建立大金王朝。從金朝後期，經元朝，至明朝前期，這裡曾是蒙古豁羅剌思（即古郭爾羅斯）納仁汗部駐牧之地。各族的政權遞嬗、經濟發展，使伯都訥地域的女真——滿族文化在融合各民族文化的進程中，一步步地進入了繁榮期、發達期。與此同時，伯都訥文化進一步與中原漢文化融合，在充分吸納並消化漢文化的基礎上，民族文化迅速發展。渤海文化、女真文化都曾各領一代風騷，極一時之盛。特別是金代文化的發展，較之遼代更有新的進步，文字（女真大字和女真小字）、文學、藝術、建築、教育等都取得了很高的成就。金朝立國之初，統治階級並未崇儒，但隨著與中原漢族的交往（包括戰爭），儒家思想很快傳入本地。史料有載，南宋大金通問使洪皓被羈留冷山時，寧江州一帶是他經常到

的地方。他曾手寫「樺葉四書」以傳弟子，同時還帶來了中原地區先進的農業技術，並把中原人的造屋技術傳給當地居民，改變了當地人穴居的落後習俗（參見《松漠紀聞》《洪皓流放地的洪皓研究》）。女真族在自己的文化進程中，最初信仰薩滿教，又轉而崇尚佛教，但最終又以儒家思想為歸宿，並滲透到社會生活的各個層面，使得先進的漢族儒家文化深深地注入世居此地的女真——滿族及其他各族文化的底蘊之中。此時期，遼金文化作為

▲ 商貿邊城寧江州

寧江文化發展長河中的有代表性的重要階段，能夠達到全方位空前發展的水平，並對其後產生長期影響，應該說，女真文化與漢文化的融合是一個重要的原因。

建州女真在明末再度崛起，他們在與漢族、蒙古族不斷擴大的交流中，形成了自己的高度發展的文化，滿族文字老滿文、新滿文的創製，成為帶有鮮明民族特色的文化特徵。清朝的統治重心南移後，伯都訥地域文化同中原漢族文化融合的進程並沒有停止下來。其主要原因有兩個，一個原因是清王朝把伯都訥地方同塞外一些地方如寧古塔等地一樣，作為發遣罪犯的流放之地。這些「流人」中包括士農工商各種成分，其中有不少飽讀經史的文士，他們當中有很多人通過交遊和著書立說等方式傳播著儒家思想。他們是不可忽視的傳播儒家思想文化的重要力量。如康熙四十二年（1703年），因牽涉前明三皇子案而被流配到伯都訥新城的原饒陽縣令山東蓬萊人李方遠，在流放地伯都訥新城期

間，就曾撰寫紀傳體回憶文章《張先生傳》，記述其與隱匿民間化名「張先生」的前明三皇子定王朱慈煥的交往始末，以及二人蒙冤的經過。該文一直在東北民間流傳，二百年後被民間文人魏聲龢發現，收錄文集中，方得以文字傳世（見《雞林舊聞錄》）。另一個原因，就是從清初就已經開始的闖關東現象，特別是乾隆朝以後，一批又一批的晉冀魯豫的漢民逃荒到關東謀生，伯都訥地方是這些闖關東的漢族人首選的落腳地區之一。他們在帶來了中原生產技術的同時，也帶來了風俗文化，並很快地同當地滿族文化融合起來。滿漢文化的進一步融合，使伯都訥地方經濟文化很快發達起來，並一直處於松嫩平原經濟文化發展的領先地位。

近現代伯都訥文化

一八四〇年鴉片戰爭以後，中國的封建社會開始淪為半封建半殖民地社會。這一時期，西方文化的傳入，為伯都訥地域文化打上的時代烙印，多少改變了伯都訥文化內容的性質。而且，從這一時期起，隨著「闖關東」的大潮繼續湧起，伯都訥地方的文化，出現了更全面更徹底的南北文化大融合局面，包括語言、文字、民俗、文學、藝術等各個方面，當然也有西方文化或多或少地融入其中。伯都訥近現代文化在此一時期開始形成並跨越式地發展。伯都訥近代文化在此一時期的一個重要表現，就是滿族說唱藝術八角鼓的流行，而且在清末以後，逐漸演變為成熟的滿族說唱藝術流派「扶餘八角鼓」。

二十世紀初，隨著列強對東北侵略的加深以及清末新政的推行，伯都訥地方出現了一些近代文化事業。一九〇五年，清廷廢止了科舉制度，次年，伯都訥廳改為新城府後，在府城建起了第一座新式學堂「新城府官立高等小學堂」（即今寧江區實驗小學），後來又建起了「新城府公立滿蒙文兩級小學堂」（俗稱滿蒙校，校址在今寧江區一中）等一批新式學堂。到辛亥革命前夕，伯都訥地方新城府境內共建立起新式小學堂二十一所。一九一〇年，新城府建立中學堂，此係松原地方第一所中等學校。清末廢科舉、興學堂，從歷史的眼光看，

無疑是一大進步，但是，從本質上看，清末的學堂教育仍然沒有完全脫卻封建的窠臼。所謂新教育，除了引進資本主義國家的部分教育內容和形式外，讀經講經仍然是必修科目。而且，由於政治的腐敗，這種新教育的推行速度，也是相當遲緩的。圖書館和報刊事業也是近現代伯都訥地方文化內容的一個重要方面，但由於所在偏遠，城居人口偏少，所以要比教育的進步慢得多。一九二三年，扶餘縣成立通俗教育館，呈請縣政府批准，編印發行《扶餘日刊》；一九二七年，扶餘縣設縣立圖書館。日刊和圖書館的創辦，對於改變地方文化落後狀況，起到了一定的拉動作用。

東北淪陷後，伯都訥地方民族文化的發展便同整個中華民族文化發展進程一樣，反映出沉重的爭取民族獨立、民族解放的呼聲。一批批愛國志士以民族精神和傳統思想文化為武器，高揚愛國主義的旗幟，在民眾中傳播民族解放、反對日本帝國主義的侵略、奴役和殘酷統治。在伯都訥地方，先後出現了破家舉義、組建抗日義勇軍的柳青庭、王致超，松原早期中共地下組織的組建者、堅強的抗聯戰士張瑞麟，祕密從事地下活動、發動進步青年參加抗日活動的劉建民，還出現了以師田手、姚奔等為代表的一批進步青年作家、愛國詩人。以這些人為代表的民族菁英們續寫的地方民族文化發展的史詩，成為這一歷史時期地方民族文化發展的主流。

一九四五年十一月，扶餘縣解放，一九四六年初，縣委和縣人民政府相繼建立起來。共產黨領導人民在清匪反霸、開展土改運動和發展生產、支援前線的同時，大力發展人民的文化事業，首先就是著手接收和開展改造舊教育工作。經過上下的共同努力，境內的教育事業很快得到恢復和發展。與此同時，為滿足廣大農民文化翻身的要求，培養和造就新幹部，各地還大力開展了掃盲識字運動。通過各種文化教育、政治教育，不但基本上掃除了文盲，而且在廣大青少年學生和人民群眾中，很快根絕了殖民教育的餘毒，也清除了一些人的所謂「正統」觀念。土改運動的深入和經濟建設的起步，也推動了境內文化事業的發展，扶餘縣城和三岔河鎮相繼建立起了統一的國營書店、縣（鎮）文化館，

▲ 《洪皓》劇照

改組或新建了電影院、劇場等一批公共文化活動場所。各地還積極組織各種文化團體，宣傳黨的方針政策，豐富人們的文化生活。此一時期地方文化教育事業的發展，為中華人民共和國建立後社會主義文化的發展奠定了重要的基礎。

當代伯都訥文化

　　新中國成立後，當代伯都訥文化在繼承地方古代和近現代文化的基礎上，對民族傳統文化進一步挖掘、傳承，主要表現在對滿族傳統說唱藝術扶餘八角鼓的研究挖掘和新城戲劇種的創建和發展上。扶餘縣於二十世紀五〇年代後期，開始挖掘地方滿族文化遺產。宣傳部門、文化部門根據伯都訥新城（即後來的扶餘縣城，今松原市寧江區城區江北部分）文化發展較早，滿族人口較多，滿族傳統說唱藝術八角鼓在這裡頗為流行的情況，一九五九年，組織一批八角鼓老藝人和音樂工作者對八角鼓進行了大量的戲曲化的創作和改編工作，創建了新劇種。同年秋，開始了新劇種試驗工作。一九六〇年十月，成立扶餘

▲ 滿族格格舞

縣新劇種實驗劇團，次年，新劇種正式命名為新城戲。

　　二十世紀八〇年代初，劇團和縣文化主管部門決定在劇種發展方向上進一步突出滿族特點，並著手編演滿族題材的新劇目《紅羅女》，在音樂、表演和服裝、化妝等方面進一步向滿族歌舞靠攏。一九八四年，該劇參加了全國少數民族戲曲劇種錄像觀摩演出。同年，新城戲被文化部和省文化廳認定為滿族戲

▲ 民族舞蹈

▲ 太平鼓舞

曲，定名為滿族新城戲。二十多年來，滿族新城戲通過《紅羅女》《繡花女》《鐵血女真》《通問使臣》《皇天后土》《洪皓》等多部劇目編演的實踐，在表演程式上有了較大的豐富和發展，進一步突出了滿族新城戲的民族特點，初步形成了滿族戲曲的表演程式。滿族新城戲《鐵血女真》曾榮獲文化部文華獎、中宣部「五個一工程」獎，主要演員獲第十屆中國戲劇梅花獎。松原市成立後，扶餘滿族新城戲劇團改為松原市滿族藝術劇院。二〇〇九年七月，大型歷史劇《洪皓》演出成功，被中國少數民族戲劇學會授予「金孔雀」綜合大獎及六個單項獎；九月，榮獲中宣部精神文明建設「五個一工程」獎；二〇一〇年七月，參加第二屆中國少數民族戲劇會演，躋身大戲金獎首位，並有十六人榮獲單項獎。

當代伯都訥文化的進步還表現在整個文化領域的綜合發展上，無論是在文學創作、演藝、書畫的創新方面，還是在對傳統文化的傳承方面，全方位地展現了社會主義新文化的全面繁榮。

　　伯都訥文化是松原文化的重要組成部分，當然也是松遼文化乃至中華民族文化的一部分。中華民族的文化，總體上說，是多元一體的文化，歷史上生活在伯都訥地方包括女真——滿族在內的各族人，創造了帶有自己濃厚民族特色的地域文化。女真——滿族人曾揮戈南下，問鼎中原，並運用政權的力量，把具有滿族民族特色的政治制度、生活方式、禮儀習俗推向全國社會生活的各個領域，甚至改變了其他民族的傳統習俗，而服從於自己民族的習慣。在某些方面，滿族文化也曾在客觀上起到變異社會風俗的巨大作用。在中華文化這個龐大的文化體系中，雖然中原漢文化從漢唐時期起，便一直處於領先和主體地位，但是無數的歷史事實證明，歷來的文化交流都是雙向的，這可以說是人類文化發展的共同規律。必須承認，邊疆地區各族的文化也是中華文化不可分割的組成部分。中原地區漢文化對伯都訥地域文化的影響是巨大的、深遠的；但是，伯都訥地域文化也同松原文化，乃至整個松遼文化一起，曾深刻地影響著漢文化及其他民族文化在地方的發展，不斷為其增添新鮮而富有生氣的文化特質。伯都訥文化的產生與發展，同時也影響著伯都訥周邊文化的發展。蘇赫巴魯先生在《伯都訥周邊文化》一書中有云：「以松花江、嫩江為彩練，江左江右形成鮮明而濃郁的遼、金與蒙、滿、漢文化帶。」他認為，與伯都訥文化有著親緣關係的周邊文化可以概括為六種文化，即查干湖文化、塔虎城文化、孝莊祖陵碑（忠親王及賢妃碑，又稱滿蒙文碑）文化、鰉魚圈文化、黃龍府文化和青山頭文化，加上伯都訥文化，可謂地域文化的「七星」，而「七星之首」即為伯都訥文化。所以說，伯都訥文化，對松原地域文化乃至松遼文化的形成與發展，都是有所貢獻的。尤其那些曾經建立過一代王朝政權的民族文化，如渤海文化、女真文化，以及後來經過民族文化融合形成的地域文化，對中華文化的發展做出的重要貢獻和產生的深遠影響，是不可低估的。伯都訥文化作為

整個松原文化的一部分，在中國東北地區地域文化（即松遼文化）中占有一席之地，它展示出伯都訥地域文化的多彩丰姿，揭示了伯都訥文化在組成松原文化，乃至構築松遼文化，參與中華文化的歷史進程中所處的地位和傳統特徵，無疑對社會主義的地方文化建設具有重要的意義。

▲ 薩滿舞

▲ 滿族舞蹈

第二章
——

文化事件

伯都訥文化源遠流長，從濊貊——扶餘原始漁獵、農耕文化的產生、發展，到勿吉——渤海文化的演進，再到遼金文化的跨越式進步，以及滿族文化的形成，在發展中接受中原漢族文化及草原地區蒙古族文化的影響，伯都訥文化每前進一步，都歷盡滄桑，兼收並蓄。繞境流過的松花江母親河，千古流淌，優美的浪花，鑄成了一座座伯都訥文化發展歷程的歷史豐碑。

古扶餘文化形成

　　經過漫長的原始社會，一直在東北地區繁衍生息的三個大族系中的濊貊人最先進入階級社會。西漢以前，位於嫩江、松花江幹流左岸的槁離部族，已經出現了階級。西漢初年，槁離發生了一場爭權奪國的內亂。在這場內亂中，部族酋長的庶子東明受到迫害。為了避禍，他率近隨逃離了家鄉。東明從槁離領地出逃，南渡嫩江、松花江匯流處的「掩水」，即《中國東北通史》所稱的「松花江大曲折處」，落腳在松花江右岸，即後來的伯都訥一帶（今寧江區江北城區）。東明征服了當地的濊貊人部族，在這裡建立了扶餘國。關於扶餘王東明建國的故事，不少古籍中都記載了那段美麗的神話。《史記》中曾有這樣的記載：

▲ 東明降生傳說圖

　　北夷槁離國王侍婢有娠，王欲殺之。婢對曰：「有氣大如雞子，從天而下，我故有娠。」後產子，捐於豬溷中，豬以氣噓之，不死。王疑以為天子，令其母收取奴畜之，名東明，令牧牛馬。東明善射，王恐奪其國也，欲殺之。東明走，南至掩水，以弓擊水，魚鱉浮為橋。東明得渡，魚鱉解散，追兵不得渡，因都王夫餘，故北夷有夫餘國焉。

　　拂去這段傳說中的神祕色彩，可知在扶餘建國之前的槁離部落，已經有了畜養牲畜的畜牧業。

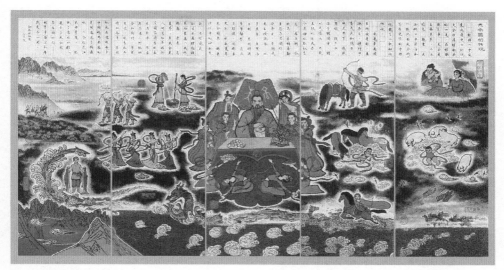

▲ 扶餘國傳說圖

　　關於東明建立扶餘國的具體時間，史籍缺少明文記載。從漢武帝元封三年（前102年）置樂浪等四郡後，《史記》記舊燕之地北鄰「烏桓、夫餘」，方始出現「夫餘」二字的記載。故可推斷，扶餘立國應在《史記》記載以前。結合考古學方面的成果，史學界最後把認識統一到了「約在西漢初年或更早一些」，大約在西元前二百年左右（《中國東北通史》）。

　　扶餘國的疆域廣闊，南起玄菟郡北界（今開原附近），北達弱水（今松花江幹流），東起張廣才嶺，毗連挹婁，西到雙遼、開通一帶與鮮卑接境。扶餘國的王城，有前期、後期之分。東明在松花江大曲折處的右岸立國後，將王城設在今吉林市郊龍潭山與東團山之間的南城子，史料稱之為前期王城。扶餘西遷後的後期王城在今農安，後期的扶餘國主要區域是以王城為中心的長吉地帶的松嫩平原。寧江地方既是東明王肇基之地，又是扶餘國離後期王城不遠、物產豐饒、農牧業發展的重要屬地。

　　扶餘國是有階級社會初期階段的部落國家，扶餘人從槁離時期起便已先於中國東北諸古族各部脫離原始社會而進入奴隸制社會，但有些方面仍保留著原

▲ 扶餘興農圖

始社會的遺習。扶餘國有君主，稱王，王有玉璽，這裡曾有出土文物「濊王之印」，可以證之。扶餘王位為世襲，扶餘國立有保護奴隸主階級利益的嚴刑峻法。扶餘地處松嫩平原及第二松花江沿岸地帶，土地肥沃，適於農耕，是東北少數民族中農業最發達的地區，農業在扶餘人的經濟生活中占有較大比重。扶餘立國之初，即已開始使用鐵製農具。應該說，扶餘人是伯都訥地方最早的土地開發者。

扶餘與中原的漢朝及後來的魏、晉漢族政權在政治上保持著臣屬關係，經濟、文化和貿易往來頻繁，文化方面接受漢族文化影響較深，無自己的民族文字，官方文牘、印信使用漢字。兩漢時期，儒家思想開始傳入東北地區，這裡逐漸吸納儒家文化。在扶餘國很早就形成了「吟詩書」「用俎豆」「冠弁衣錦」的風習，「頗有中原氣象」（《三國志・魏書・夫餘傳》）。今扶餘市全境及松原市的北、東大部分地方，當時係扶餘國重要屬地。當時的扶餘國雖然仍屬於奴隸制社會，但其倫理觀念表現出了明顯的儒學影響。「其人強勇，謹厚不寇抄」「民情怯於私鬥，而勇於寇戰」（《三國志・烏丸鮮卑東夷傳》）。扶餘人深受儒學影響，不但在文字上使用漢字，在風俗上也極為崇尚禮儀，其國人的言行舉止、待人接物，處處注重禮節和儀態，一切「皆如中原之禮」。扶餘在漢文化影響下，逐漸形成了有著明顯中原文化影響印記但又不失自己民族特點的古扶餘文化，一開中國古代東北地區民族文化融合之先河。

遼朝設立寧江州

後樑開平元年（907年）耶律阿保機自稱「契丹可汗」，後梁貞明二年（916年），契丹可汗耶律阿保機即皇帝位，始立年號「神冊」，正式建立起奴隸制國家契丹國（後於947年改國號為「遼」）。

遼滅渤海之後，很快統一了東北全境。遼初，原渤海伯咄部居地被劃屬契丹之達魯古部。遼王朝迅速平復了戰爭的創傷，使平原地區，特別是松嫩平原地區的農業經濟迅速恢復並得以長足發展。在農業發展的基礎上，手工業中的紡織、冶礦、陶瓷業以及馬具、車輛生產等都有了新的發展。生產的發展，推動了商貿的活躍，促進了貨幣的流通，市場上同時有遼錢、鐵幣、白銀和宋錢流通。契丹族無文字，官方文牘通行漢字。立國後，遼人仿

▲ 遼代陶壺

漢字創製契丹大字和契丹小字兩套文字。由於受漢文化影響較深，新創的契丹字與漢字同時在國內通行，從而使漢、契丹文化得以融合，在繼承扶餘、渤海文化的基礎上更前進了一步，同時也為後來的伯都訥文化的形成，奠定了一定的基礎。

遼雖然以武力統一了東北，黑水部始終與遼王朝保持著一種若即若離的關係。從五代後期時起，黑水靺鞨改稱女真。女真諸部中，後來有的部落投遼、入籍契丹，以入籍先後分別被稱為「熟女真」「回跋女真」，而大部分一直未入遼籍的，則被稱為「生女真」。生女真各部落在自己的發展中，逐漸形成了以生活在拉林河流域的完顏部為核心的生女真部落聯盟，成了對遼王朝統治的

▲ 遼朝設立寧江州

潛在威脅。

遼為了加強對生女真部落政治上的統治和軍事上的防禦，於道宗清寧四年（1058年）在契丹人生活區域和生女真部落之間的二松與嫩江匯流處，即遼初劃屬契丹達魯古部的地方，設立寧江州。寧江州址在原扶餘府城址，即今伯都古城址。

州是遼代的地方建置，上隸於道，下轄縣。寧江州轄混同縣。混同二字取自江名，遼時稱松花江為混同江。州設觀察使司和防禦使司，防禦使統轄駐軍混同軍。寧江州軍事上隸於東北統軍司，行政上隸於東京道。寧江州的設置，除政治上、軍事上的目的外，還承擔著商貿活動的任務。遼廷在寧江州設「互市」市場，每年遼朝貴族統治者來寧江州一帶春獵後，都開放「互市」市場，「女直（真）率來獻方物，若貂鼠之類，各以所產，量輕重而打博，謂之打女直。後多強取，女直始怨」（洪皓《松漠紀聞》）。「寧江州有榷場，女真以北珠、人參、生金、松實、白附子、蜜蠟、麻布之類為市，州人低其值，且拘辱之，謂之打女真」（《契丹國志》）。

遼朝貴族奴隸主階級對生女真部落的統治越來越殘酷，為滿足他們的貪慾，朝廷屢派「銀牌天使」到拉林河畔的生女真完顏部等各部落搜求貢品，索要珠寶美女，逼獻獵鷹「海東青」等物。這種愈演愈烈的民族壓迫和強盜式的掠奪，終於導

▲ 海東青

致了民族矛盾的大爆發。寧江州設立僅半個世紀，這裡便發生了一場空前慘烈的女真反遼的寧江州大戰，拉開了女真伐遼、滅遼，繼而南下亡北宋的大型歷史正劇的序幕。

南北文化融合出現新形勢

遼天慶三年（1113年）三月，生女真完顏部首領阿骨打於拉林河畔率五百騎兵舉行軍事演習，鐵騎長驅西指，馳至咸州（今開原），初步顯示了生女真的軍事力量。天慶四年（1114年），阿骨打在拉林河畔一崗阜之地（後命名曰「得勝陀」，在今扶餘市得勝鎮石碑村東坎下）聚諸路女真兵將兩千五百人誓師，檄討遼朝罪惡，祭告天地，起兵反遼。六月，遼廷得悉「女真將畔（叛）」的消息，遣黃龍府知事蕭兀納（即蕭撻不野）率兵五萬調防寧江州。九月，阿骨打以宗翰（即粘罕）為先鋒，親率大軍從「得勝陀」出發西進反遼，矛頭直指寧江州。起兵時，兵將皆有戎無甲，適逢遼朝部分叛軍西竄至女真邊境。女真軍說降該部遼軍後，取得盔甲五百副。之後，女真軍「精兵三千、披甲五百」，重新集結西進。急行軍一日後，大軍行至扎次水（今夾津溝）。先鋒宗翰督士兵填越壕塹，繼續前進。途中，與承擔遼之邊防巡邏任務的渤海軍遭遇，一戰而克，擊斃遼將耶律謝十。大軍乘勝西指，次日至寧江州，兵臨城下，在城東列陣。

遼守將蕭兀納率軍出城迎敵，兩軍交鋒，遼軍潰退，阿骨打率眾攻城。蕭兀納安排防禦使大師藥奴等屬官守城，自己率部屬三百餘騎出西門，渡混同江逃跑。寧江州終被攻陷，防禦使大師藥奴等被擒。為分化瓦解敵人，女真軍將俘獲的大師藥奴及兩名渤海軍將領梁福、斡達剌釋放，令其招諭餘部遼軍和原渤海遺民。

女真軍以少勝多，三千精兵破敵五萬。寧江州被攻克後，遼廷派主將蕭嗣先率主力進駐與寧江州隔江對峙的出河店（今肇源縣茂興站南三家子）。阿骨打乘勝率軍向西北進軍，渡混同江，一戰破敵，再次擊潰遼軍。十一月，遼廷復遣都統蕭糾裡、副都統蕭兀納統率步騎兵十萬餘眾支援蕭嗣先。兩軍對壘，十萬遼軍頃刻潰散。

女真軍出師以來，一戰寧江州，破敵五萬，克州城；二戰出河店，大敗蕭嗣先守軍；三戰主將蕭糾裡，破敵十萬，以少勝多，創造了中國古代戰爭史上又一奇蹟。勝利後，阿骨打將收降的遼軍中的各族將士編入女真軍，兵力增至一萬餘騎，軍威大震。二月，女真軍破遼主力後，回軍寧江州作短期休整，然後出兵渡江西指，奔襲長春州城塔虎城（今前郭縣塔虎城址）。遼天祚帝親自率大軍四十萬坐鎮長春州，但在女真鐵騎的強攻下，大軍一觸即潰。天祚帝失地丟兵，倉皇西逃。迅速壯大的女真軍繼而長驅追擊逃敵，先後攻占賓州（今農安東北紅石壘）、咸州（今遼寧開原老鎮）。

一一一五年正月，完顏旻（阿骨打）仿漢制即皇帝位，建立大金國，定都會寧（今哈爾濱市阿城區南白城），立年號「收國」。收國元年九月，金軍破黃龍府（今農安）。次年，陷遼東京遼陽府（今遼陽市）。太宗完顏晟天會三年（1125年）亡遼。

女真崛起於拉林河畔，占領了松遼平原廣大地區。其後，其疆域繼續擴展，東起黑龍江入海口、西至大興安嶺以西，北達外興安嶺、南臨鴨綠江邊都成了大金國的領土。後入關南侵，疆域達到黃河西岸。金立國後不久，廢寧江州，原寧江州轄地分屬隆州府利涉縣和會寧府會寧縣。

大金國政權的建立，是伴隨著女真部族晚期氏族社會解體而產生的，它標誌著「生女真」各部已開始進入奴隸制社會。金立國後，隨著奴隸制的鞏固，在同先進的封建王朝宋朝的交往中（包括戰爭），隨著統治地區的不斷擴大，受中原漢族政治、經濟、文化的影響，封建制社會生產關係也逐漸產生和不斷擴大。經熙宗改制，海陵南遷，到世宗以後，封建經濟的統治秩序基本上得以確立。在文化發展上，也完成了突破式飛躍，不僅創立了自己的文字，佛教也得以盛興。特別是亡北宋後，漢族政權推崇的儒學在金朝的文化思想領域逐漸取得統治地位，南北文化融合出現了新的形勢，金初期使金的南宋大金通問使洪皓在被拘留金朝十五年期間及南歸後，做出了突出的貢獻。洪皓於建炎三年（1129年）五月出使金國，行至太原被扣，次年至雲中（今大同）。因堅決拒

絕仕金，被流放冷山。他在身陷異域不忘使命的同時，也通過言傳身教，廣泛地傳播漢文化。一方面，他通過自己的言行和「樺葉四書」的流傳，把儒家的忠君、節義、仁愛、孝悌等思想在女真人中間傳播；另一方面，還將詩文創作、樂曲、繪畫等文學藝術及節慶等風俗習慣傳播到女真地區。十五年後南歸，他也把女真人的思想文化帶回來介紹給宋朝人。洪皓使金期間撰寫的《松漠紀聞》，以及他的詩詞作品等，都從不同的角度，較為全面地介紹了金國的政治、經濟和文化。

　　金大定二十五年（1185年），世宗完顏雍為紀念乃祖完顏旻起兵反遼之功，在當年阿骨打率眾誓師之地立「大金得勝陀頌」碑。該碑是中國現存金代碑刻中保存女真文字最多（1500餘字）的碑刻，學術價值極高，為國家級重點保護文物，現仍屹立於拉林河畔引拉灌區水庫岸邊當年阿骨打誓師處，向後人昭示著當年女真人的不世之功。

▲「大金得勝陀頌」碑

洪皓致力民族文化融合

金朝初期，南宋禮部尚書洪皓，被宋高宗趙構命為大金通問使，出使金國。他忠貞不屈，艱苦備嘗，被扣留在冷山（今黑龍江五常），經常活動在寧江州一帶，十五年後全節而歸，被譽為「宋代蘇武」。洪皓最為可貴的是不顧個人的毀譽，打破狹隘的國家、民族觀念，以政治家的智慧和技巧調和矛盾，為南北民族的融合做出不懈的努力，成為廣大松漠地區女真族、漢族以及所有北方民族人民都稱頌的友好使者。一、他教授金左丞相八子和平民子弟「四書五經」，使儒家文化、思想在北方廣泛傳播；二、他在松漠作詩千首，金人「爭抄誦求鋟梓」，促使金代文學起步

▲ 洪皓畫像

就站得很高；三、推介民生技藝，在他的影響下，人們紛紛走出地窨子，建築房屋，開荒地種，飼養家畜，促進了當地經濟的發展；四、他根據考察所得編著《松漠紀聞》，致使北文化南傳，此書至今仍是史料價值很高的一部雜史。洪皓就是在中國要統一、民族要融合、文化經濟要交流的歷史總趨勢下，立下不朽功勛的，後世稱其為民族文化大融合的千古功臣。

巴爾達建新城

　　巴爾達是伯都訥第一任副都統，亦是當時伯都訥地方最高長官。伯都訥副都統為正二品武職旗官，花珊瑚頂戴，主理伯都訥、長春、永吉間旗務，兼理錫伯、喀爾喀、巴爾虎、卦爾察等佐領及境內蒙旗事務和民務。清康熙年間，由於伯都訥在軍事、交通方面的重要和圍場、貢山防務之需，清廷決定在這裡設治管理。康熙三十一年（1692年），移吉林副都統巴爾達於伯都訥，改稱伯都訥副都統，隸寧古塔將軍，副都統衙署設在伯都訥城。由於副都統駐地是在寧江州舊址原兵站、驛站基礎上建立起來的，副署和駐軍移駐後其規模已不能滿足需要，加之城址離江過遠，使官兵生活用水和交通運輸等都有諸多不便。

▲ 巴爾達建新城圖

　　為此，巴爾達於次年（1693年）在舊城南十二點五公里的松花江畔另建新城，移伯都訥副都統衙門駐城內，稱伯都訥新城。自此，伯都訥、新城成為代表同一方水土的兩個不同稱謂，廣泛在社會上流傳。

　　新城作為伯都訥舊城的承襲和延續，與伯都訥舊城是一脈相承的。其歷史可上溯到唐朝時期。這裡是唐朝的扶餘府，遼代的寧江州，金、元、明、清（後金）的納仁汗浩特。天聰九年（1635年），後金軍攻下了那爾渾（納仁汗浩特之俗稱），在這

裡建立了官軍隊站，稱伯都訥站，康熙二十四年（1685年）設驛站。伯都訥副都統自康熙三十一年（1692年）設立，至宣統元年裁撤，共經歷了二一七年，其間，伯都訥新城的行政名稱曾多次變更，曾有長寧縣、州同、蒙古理藩院、伯都訥廳、新城府等行政名稱著稱於世。裁副都統後，改設旗務承辦處。

民國二年（1913年）改為新城縣，次年（1914年）改稱扶餘縣。一九八七年撤縣建市（縣級市），稱扶餘市，一九九二年成立松原市，扶餘市改稱扶餘區，一九九五年七月二十日恢復扶餘縣（駐地三岔河），扶餘區更名寧江區至今。

▲ 納仁汗浩特

斗轉星移。如今伯都訥舊城已失去往昔的光環，只有現存的殘垣斷壁在默默地向人們陳述著往日的風采；而崛起的新城，正以更新的姿態，踏著時代的最強音，奔向更加輝煌的未來。

清朝設立伯都訥為鰉魚貢地

每年春末夏初，鰉魚由大海洄游，溯江而上，進入松花江、牡丹江中下游產卵繁殖。成魚體長五米至七米，背灰綠，腹黃白，體型似鱘而大。該魚體大肉多味鮮，肉白脂黃，卵尤名貴，是松遼流域人們不可多得的食品。伯都訥松嫩交匯處三岔河口一帶上下百餘里，江面寬闊，水深流急，江底水草豐厚，加之多種魚類聚集，是鰉魚繁衍生息的絕好之地。明末清初，生活在松嫩流域的錫伯族人主要從事漁獵生產，秋冬狩獵，春夏捕魚。靠他們的智慧和勇敢，鰉魚成了他們主要的捕獲物，鮮美的鰉肉食品和實用的魚皮衣飾豐富了他們的生活，鰉魚走上市場又使他們的日子較為充實。十七世紀末，沙俄不斷地向黑龍江流域蠶食，並蓄意策劃中國北方民族中的背叛勢力反叛朝廷。清朝政府為了加強防務和監控錫伯族，在康熙二十年（1681年），把錫伯由蒙古八旗劃入滿洲八旗，接著將正式編入滿洲八旗的錫伯和散居各地的錫伯人安置於伯都訥，共編三十個牛錄（每牛錄150人）。康熙三十八年（1699年）又「將此三十個牛錄錫伯兵連同眷屬南遷至盛京（瀋陽）、京師及山東德州等地。乾隆二十九年（1764年），為加強新疆防務，從盛京選調錫伯精兵一〇一六人，連同家屬三二七五人遷到新疆伊犁，屯田駐防。這就是錫伯歷史上重要的西遷」。（《伯都

▲ 鰉魚貢圖

訥文化叢書·伯都訥周邊文化·伯都訥鰉魚貢》）。錫伯人西遷後，伯都訥漁獵進入了濫捕濫殺的狀態。當地其他民眾早就對錫伯族把持鰉魚生產而心懷不平，更對捕撈鰉魚垂涎三尺。許多人動用多種土辦法瘋狂捕撈鰉魚，成魚、幼魚一起打撈，就連小小的鰉苗，也被擺上了餐桌，甚至做了雞鴨豬狗的飼料。鰉魚賴以生存的生態環境遭到嚴重破壞，沒過多久鰉魚就瀕臨絕跡。那些瘋狂的人們漸漸平靜下來，只能「望江興嘆」了。明末，從山東遷來張、王、趙、熊四戶人家落戶伯都訥站。其中王化龍、王化鳳兄弟二人建立的王氏家族，靠開闢、收買、強奪等手段發展起來，到了清乾隆朝初期已成為擁有近百坰良田、大片草原的大戶，建起豪華大院和高大門樓，當地人稱「王門樓子」。當時的當家人是王門五世傳人王祚，他是個很有心計的人。他覺得捕鰉之事廢棄實在可惜，如果恢復起來不但可以充斥市場，以此發財，而且由「鰉」的右旁「皇」字，設想出更可貴的用場。於是他派人去牡丹江一帶考察鰉魚的特性、食用價值、捕捉方法、飼養方式，以及對其敬畏等情況。在伯都訥副都統衙署的支持下，派家丁將三岔河口一帶水域管理起來，不准捕撈任何種魚。王祚沿用滿族古代「魚祭」的方式，在三岔河口設壇殺魚祭天。祭天當日捕撈幾種魚，殺死之後接下魚血，祭者喝血，噴血，口中叨念敬天孝祖之詞。祭後將魚埋入土中，不准食用。後來發現，捕撈的魚中有鰉魚長達二三丈，便改為只用鰉魚祭天了。這樣的魚祭每月初一、十五各一次，從不間斷。五年過去了，王祚命人試捕鰉魚，不准用鉤釣、叉捕等殺傷鰉魚的方法，而專門採用網捕並戴籠頭的方法。一網上來大小不等的鰉魚確實很多，而最大的已有近丈長，且膘滿肉肥。王祚很高興，命如數放回江中。到之秋季，王祚選個吉日，舉行一次大型魚祭之後，放網捕撈，上一網皆是鰉魚，挑選丈餘長的三條大魚，放入事先掘好的「鰉魚圈」中飼養起來。「鰉魚圈」即漁人傍江鑿池蓄魚。池口直徑十餘丈，池中立木為柵，引活水與江相通。王祚特派打牲丁四名，輪為兩班看守和餵養，飼料皆是捕撈的別種小魚。兩年時間，三條鰉魚都長成近兩丈長，而且膘滿肉肥。到了冬季，堵死通江口，池中水迅速結冰。十一月末鑿冰取

魚，三條大鰉魚，各個挺直僵硬，色澤如同鮮魚一樣。王祚這才興致勃勃地向家族及家丁們宣告一個久藏心底的決定：向大清乾隆皇帝敬獻「鰉魚貢」，並說王家今後能否發達在此一舉，引起眾人的極大興趣。王祚命將三條大鰉魚分別裝入兩丈長的專製木箱中，取江心最清的江水灌入箱內重新冷凍，之後破箱抬出大冰魚的長方體，放入更大的精製美觀的長木箱中封好。將兩駕馬車並排連接在一起，共三組六輛車，把三個大木箱分別橫架在三組車上固定牢靠。雇百名武丁做保鏢。家中的庫銀只留少許，全都帶上供路上盤費和進京打點使用。未進臘月選擇吉日，王祚帶領兩個兒子，率鰉魚貢車隊日夜兼程地向京城進發，臘月二十七日趕到了京城。找熟人花了三千兩銀子，通過內務府一位官員將王祚關於進奉鰉魚貢的奏摺呈給了乾隆皇上。由於「鰉」字引起了乾隆的興趣，他詳細地閱覽了這個長長的奏摺。奏摺中講述了鰉魚的生活習性、形體特點、捕捉艱難、食用價值和鰉魚祭祈天敬祖的作用等情況。

乾隆驚喜地收下了鰉魚貢，賜給王祚一張牛皮照，敕令王門樓子在三岔河口一帶以跑馬占荒的方式擴充土地和草原。這以後王門樓子家業迅速擴大，成了遠近聞名的大財主（《扶餘縣三史彙編‧王門樓子罪惡發家史》）。

伯都訥人給皇上進奉鰉魚貢的消息不脛而走，接著便有黑龍江、牡丹江，以及松花江其他地方陸續向皇上進鰉魚貢。這就促使乾隆皇帝把鰉魚看得十分重要，成為祭天祭祖必備的供品，所以決定把捕鰉魚由朝廷管起來，「並規定民間不准私捕鰉魚，更不許吃鰉魚，違者殺頭」。（于濟源《讕論關東鰉魚文化》）為此，乾隆採取了兩項措施，第一項舉措：派遣南遷北京的部分錫伯人返回伯都訥充當「鰉魚差務」。原「南遷北京的部分錫伯人被留在宮廷或王府、公府宅莊園充當包衣（奴僕），甚至分給太監當僕從。乾隆為了減輕財政負擔，多次組織『京旗還屯』。一部分分駐北京周圍的八旗官兵及其眷屬分批返回東北屯墾，其中有一部分錫伯族旗人和奴僕被派遣到伯都訥一帶，充『鰉魚差務』，並賜給『晾網地』，准其『種地不納糧，養兒不當兵』。這些被遣回的錫伯人不受地方管轄，直接役屬內務府。他們回到故鄉後，在松花江邊，辟

荒立屯定居下來，定居地後來亦成為其族人聚居之地，如幹流松花江南岸的達戶、雙屯子，西流松花江南岸的錫伯屯等。他們在『務戶里達』（相當於包衣頭目，應鰉魚差的組織管理者）的管轄下，從事捕撈鰉魚和農、牧、漁業生產」。（《吉林省志・民族志・錫伯族》）第二項舉措：由內務府在吉林專設打牲烏拉總管衙門，其中有一項重要任務就是捕捉鰉魚，朝廷還專門制訂貢獻鱘鰉等魚及採捕條例。每年一到冬季就委派官吏頭目、打牲丁到各務戶里達指使他們到所管鰉魚圈捕打「掛冰色魚」。（於濟源《讜論關東鰉魚文化》）伯都訥達戶屯（今扶餘縣三駿鄉達戶村）由京師被遣回的錫伯族人立屯，有吳、楊、傅三戶世襲的務戶裡達，受雙屯子（今寧江區大窪鎮民樂村）的高一級務戶裡達蘇姓管轄。由於朝廷這樣管制，王門樓子就失去了捕捉鰉魚進奉鰉魚貢的權力。王門樓子主人雖然不情願，但靠御賜牛皮詔也足夠其發達的了。

伯都訥捕撈鰉魚是南遷後又被遣回的錫伯族人的特殊差務。錫伯族漁戶在務戶裡達管轄下，世世代代為清朝皇室捕撈鰉魚。清朝如此重視鰉魚是因為從乾隆起鰉魚就成了宮廷必備祭品，也是帝王后妃品嚐及賞賜臣僚的珍品。鰉魚數量很少，不易捕撈，漁戶往往要耗費許多天，方能捕到一兩尾合乎規格的鰉魚。捕到後，要由務戶裡達命名造冊，記錄身長、胸圍、花色等數據和特徵，上報打牲烏拉總管衙門存檔，然後將魚送到利用江岸內凹或河區建成與江水相通的鰉魚圈裡去飼養，凍挺後用黃綾子包裹，裝入特製的桃木小車，運送京城。選定啟程吉日後，挑選打牲丁做押貢人員，須提前三日沐浴更衣，住宿在衙署。出發時，車上插「貢」字旗，路上每至驛站，更換鏢丁，負責保護貢品不受損壞和押貢人員的安全。沿路府州廳縣等地方官員在貢車經過時要有迎送儀式，有的要捐贈錢物。（《吉林省志・民族志・錫伯族》）

鰉魚貢從乾隆朝初至光緒朝末持續一百五十餘年，經歷了由興盛到衰退的過程。衰退的原因主要有三：一是朝廷鰉魚貢的需求量過大，鰉魚存活數量很少，捕捉數量越來越低，便產生了供不應求的問題。鰉魚不唯皇室一家獨享，還分發給各貝勒貝子、王公大臣，用以祭祖和家祭，光吉林打牲烏拉總管衙門

一次就送往北京二十車鰉魚，鰉魚的捕撈量逐年減少，逐漸供不應求。說起捕撈減少也另有原因，當地民眾因禁吃鰉魚心理上總是不平衡，竟有許多人冒殺頭危險私自盜捕、大量宰殺。更有打牲烏拉的朝廷官員不顧朝廷禁令命人瘋狂捕捉，除自己吃外，還祕密銷售，中飽私囊。二是駐守打牲烏拉總管衙門的一些官員因山高皇帝遠而胡作非為，他們橫行鄉里，魚肉百姓，搶男霸女，強搶豪奪，引起公憤，當地民眾組織起來與他們拼打搏鬥，好多官員及家屬被殺，財產被分。他們惶惶不可終日，連連稟報朝廷，請求撤銷鰉魚貢。三是清政府腐敗無能，內憂外患應接不暇，朝廷已無力管理這些看似無關緊要的事情了。光緒二十六年（1900年）八月十八日，「侵華沙俄軍隊攻入伯都訥新城，守城文武官員棄城逃走。俄軍收繳清軍槍械，掠城後撤離。同年，停鰉負貢。」（《扶餘縣志》）從此，留給伯都訥後人的只是引以為榮的古代鰉魚貢簡單記載及眾說不一的神祕傳說了。

寧江區出土披毛犀化石

在吉林省自然博物館的陳列大廳裡，一具高大的動物骨架引人注目，這就是松原市寧江區小窯屯出土的披毛犀化石。

化石是一九八九年三月二十日一村民在小窯屯西一百米的沙坑裡挖沙時，在距地表六點八米深的灰黃色細沙中發現的，經吉林省文物考古研究所古生物專家姜鵬測量和鑑定後得知，這具披毛犀身高為一點七九米，體長為三點五三米，是一具成年雌性典型披毛犀個體，時代為更新世晚期，距今約二萬年。化石的原始狀態沒有發現表面遺有人工、動物咬齧和水磨痕跡，從埋藏學角度判斷，該披毛犀當屬於原地埋藏。

披毛犀動物化石，廣布於北半球中、高緯度地帶，最北達北緯72°，南至北緯33°，包括從西歐到中國青藏高原的西南部、華北平原、內蒙古和東北。中國發現的披毛犀化石，在地質年代上延續時間較長，從更新世初期至更新世晚期都有發現。它占據了整個更新世，每個時期的披毛犀均反映了不同的生態環境，如更新世晚期的披毛犀就是代表棲息寒冷環境條件下的動物。目前，東北地區發現的披毛犀動物化石數量雖多，但均出於上更新統地層中，而在中、下更新統地層中卻沒有發現過。這表明東北地區的披毛犀生活在更新世晚期。

從披毛犀動物的進化來看，它與更新世氣候變化有著密切連繫。位於歐亞大陸東緣的東北地區，緯度較高。更新世以來，環境的變化，尤其是氣候的改變，導致動植物群落的興旺、衰退和遷移。本區的動物雖屬於一個動物群，但在種類、數量分布上南北也有一定的差異，這種差

▲ 披毛犀

▲ 披毛犀化石

異不僅反映了區域性氣候的不同，而且也是動物遷移速度、數量的重要標誌。從東北地區發現的更新世晚期哺乳動物化石資料分析，該時期的動物化石以猛獁象、披毛犀動物化石數量為多，它體現了當時動物群的性質特徵，構成了更新世晚期東北地區獨特的動物群——猛獁象、披毛犀動物群。

　　更新世晚期的猛獁象、披毛犀動物群，又稱顧鄉屯動物群，在中國主要分布在東北地區。在世界分布上，從歐洲西瀕大西洋，向東橫跨歐亞大陸北部，包括中國東北、內蒙古東部和河北北部，向東達朝鮮、日本；北抵西伯利亞、阿拉斯加、加拿大西部和美國北部，成為北半球廣泛分布的動物群。這一動物群在中國東北分布廣泛，幾乎遍及東北各地。從經緯度來看，多集中在北緯42°-48°、東經122°-128°之間，尤其在松嫩平原更加密集。該動物群在更新世晚期地質歷史上，曾於松嫩平原繁盛一時，但延續時間並不長，在一、二萬年左右逐漸走向衰亡，在全新世開始即告結束，當跨入全新世時，由於環境發生了變化，致使這一動物群中的猛獁象、披毛犀、最後鬣狗、原始牛、河套大角鹿等主要屬種，不僅在中國消亡，而且在全球範圍內滅絕了，代之而起的為現代哺乳動物群。

目前，在松嫩平原地區已發現的哺乳動物化石共六十五種，化石地點達二百多處，從發現的化石來看，不論是數量和分布地點都以猛獁象、披毛犀占優勢。但較完整的披毛犀化石卻非常少見。寧江區小窯屯出土的這具披毛犀化石，在完整程度上不遜於黑龍江省富拉爾基和山西丁村出土的披毛犀化石，因此越發珍貴。這次發現在吉林省屬首次發現，在中國也屬罕見，填補了吉林省古脊椎動物化石收藏方面的空白，屬吉林省文物考古的重大成果。

生活在更新世晚期的披毛犀，身披長毛，適合寒冷氣候，個體較大，行動緩慢，性情溫和，以苔蘚植物、草本植物及矮小的灌木枝葉為食料。考古資料表明，棲息在冰緣環境條件下的猛獁象、披毛犀等大型食草動物，是冰緣氣候的指示動物或冰期氣候的產物，與舊石器晚期的人類共存，是當時人類獵食的主要對象。自古以來，人類的生活、生產就與動植物息息相關，人類對動物的影響，主要表現在狩獵和飼養方面。

松嫩平原現代氣候特徵受極鋒輻合帶季風環流的影響，大部分地區屬寒溫帶大陸性氣候，各地氣溫差顯著，在舊石器晚期（相當於更新世晚期），本區也受強大的極鋒控制，大陸度增強，氣候以嚴寒、乾燥為特徵，因此，出現了冰緣結構現象。松嫩平原舊石器時代晚期文化層中發現的猛獁象、披毛犀動物化石，就反映了這一寒冷氣候的特色，在這種氣候環境裡，造成了古人類生活資料的單調、貧乏。人們只能在短暫的夏秋季節從事微量的採集活動；而在漫長的寒冬歲月裡，面對冰封千里的環境，人類的生產活動只有靠狩獵，才能維持生計，繁衍子孫，發展文化。較完整的披毛犀化石在寧江出土，說明在更新世晚期寧江區域內有這種動物存在，證明當時寧江的自然環境適應人類生存，為在寧江境內探索舊石器晚期的人類遺存，帶來希望之光，

寧江出土的披毛犀化石，為研究披毛犀的生理構造、形態特徵和松嫩平原更新世晚期的自然環境、地理氣候、地質地貌、動物進化及第四紀地層等，提供了珍貴的實物資料。

滿族新城戲的誕生和發展

　　伯都訥鄉土藝術的瑰寶——滿族新城戲，是全國唯一的滿族戲劇種。新城戲作為少數民族戲曲劇種，已被列入《中國大百科全書戲曲曲藝卷》《中國戲曲年鑑》和《中國戲曲曲藝辭典》。

　　滿族新城戲一九五九年秋創建，以扶餘舊時曾為新城府命名，稱新城戲。二十世紀八〇年代，為突出滿族特點建設新城戲劇種，劇團開始著手編演滿族題材的新劇目，並在音樂、表演和服裝、化妝等方面進一步向滿族歌舞靠攏，確定劇種名稱為滿族新城戲。滿族新城戲自創建以來，至今已經歷了五十個春秋。五十年來，新城戲植根於伯都訥鄉土，沐浴著黨的陽光雨露。末代皇帝溥儀之弟溥傑先生，曾為該劇種親筆題詞「滿族戲劇、藝苑新花」。作為全國唯一的滿族民族劇種，如今滿族新城戲已成為中國三百多劇種的戲曲百花園中一

▲ 滿族新城戲劇照

▲ 滿族新城戲劇照

枝芳香四溢的奇葩。

新城戲創建以來，曾演出過《箭帕緣》《戰風沙》《楊立貝三告血淚狀》《春草闖堂》等幾十台大型劇目，頗受廣大觀眾的讚譽和好評。但由於歷史的原因，以前只注重了它的地方性，而忽略了它的民族性和時代性。二十世紀八〇年代初期，新城戲開始向民族方向發展，先後排演了反映滿族題材的故事劇《紅羅女》《薩麗瑪》《繡花女》《皇帝出家》《鐵血女真》《通問使臣》《皇天后土》《洪皓》等劇目。1984年11月，扶餘縣新城戲劇團自編自演新城戲《紅羅女》參加在昆明召開的全國少數民族戲曲劇種錄像觀摩演出，榮獲文化部頒發的孔雀杯獎。同年12月11日，新城戲被文化部認定為滿族戲曲，由省文化廳正式命名為「滿族新城戲」。

1992年7月2日，扶餘滿族新城戲劇團創作的大型歷史故事劇《鐵血女真》代表東北三省參加文化部在淄博舉辦的「天下第一團」優秀劇目展演（北方片），被授予優秀劇目，並榮獲優秀表演、編劇、導演、音樂、美術等十三個

▲《鐵血女真》劇照

獎項。同年9月,《鐵血女真》劇組應國家文化部和中央電視台之邀進京演出。
中央電視台對該劇的演出進行了現場直播。

　　1993年,滿族新城戲《鐵血女真》在第三屆文華獎評比中,榮獲中國舞台
藝術最高獎——文華獎第一名,並有9人獲戲曲組全部文華單項獎,男主角扮
演者劉海波在榮獲文華表演獎的同時,又獲中國戲劇表演最高獎——梅花獎。
同年,《鐵血女真》榮獲中宣部精神文明建設「五個一工程」獎。

▲　滿族新城戲劇照

寧江區首屆文化體育藝術節

二〇〇二年金風送爽的九月，江北體育場人如潮湧，洋溢著一派歡騰的景象。由區委、區政府主辦的寧江區首屆文化體育藝術節拉開了帷幕。本次藝術節從九月十七日開始到九月二十日結束。藝術節包括：文藝演出、體育比賽、農產品展銷、書畫展等，此次活動規模之大，內容之多，參與面之廣，參加人員之眾是建區以來的第一次。

在首屆文化體育藝術節上，臨街百米長卷書畫表演在市工人文化宮前舉行，來自區直各中小學、幼兒園的二百多名學生用飽含深情的大筆在長卷上揮毫潑墨，一展才藝。學生們的精彩表演不斷地吸引路人駐足觀看，時任區委書記王鐵漢欣然題詞「升騰的希望」把整場表演推向高潮。

藝術節共組織了民藝團、區直機關、社區三場文藝演出。九月十七日上午，首屆藝術節在隆隆的禮炮聲中拉開了序幕，成群的和平鴿和彩色氣球帶著人們的希望飛上了天空，緊接著規模宏大、氣勢磅礴的大型集體表演隆重登場，之後進行了民藝團的首場文藝演出，舞蹈、歌曲、二人轉相繼登場，國家級表演藝術家高秀敏回到家鄉參加了本屆藝術節，楊柏森、姚毅輝、王紅梅等劉老根劇組人員的精彩表演更把這次演出活動推向了高潮，第二幼兒園的舞蹈《世紀輝煌》使本次演出在祥和的氛圍中落下帷幕。九月十八日、十九日，區直機關專場文藝演出和社區專場文藝演出分別舉行。

首屆文化體育藝術節上最大的亮點就是文化搭台，經濟唱戲。一場琳瑯滿目的農產品展銷會為藝術節增加了經濟元素。全區五個鄉鎮，八十二個行政村全部參加了展銷活動。產品共五大類三百多個品種，其中國家註冊的綠色產品二種，省級以上名牌產品五種。展會設置了種植業、畜牧業、科普大集、農機四個展區。

「伯都訥文化叢書」出版發行

二〇〇四年十一月，寧江區地域文化研究系列叢書「伯都訥文化叢書」出版發行。叢書包括《伯都訥史話與傳說》（作者王維憲、王昭全）、《寧江洪皓研究》（作者王維憲、馬云光）、《伯都訥文物古蹟》（作者王國學、鄭新成）、《伯都訥風俗民情》（作者王昭全）、《伯都訥教育體育衛生》（作者戈立齊）、《伯都訥文學精粹》（作者孫瑋）、《伯都訥文化藝術》（作者高振詮）《新城戲與八角鼓》（作者徐達音）、《龍華寺與寧江旅遊》（作者鄭治）、《伯都訥與周邊文化》（作者蘇赫巴魯、白蕾）。

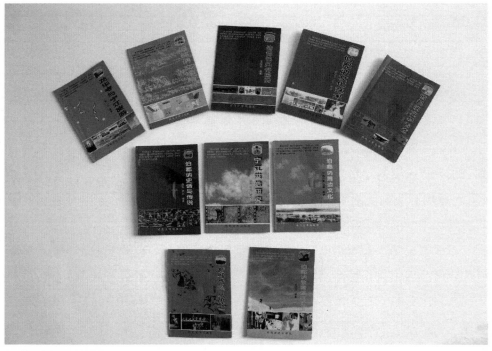

▲「伯都訥文化叢書」

吉林省伯都訥攝影家協會成立

　　二〇〇七年五月，寧江區的一批攝影愛好者組織成立「吉林省伯都訥攝影家協會」。開始時，會員大多來自寧江區的行政機關、企事業單位，隨著協會活動的增加，影響的擴大，松原市的部分市直機關幹部、吉林油田的幹部職工以及一些個體戶，也陸續加入了協會，會員隊伍不斷壯大。

　　協會現已吸納會員一百多人，其中省級會員二十人、市級會員四十人。協會本著發展與服務並重的原則，為會員免費設計和製作精美的會員證，積極協調服裝公司為會員定做物美價廉的攝影背心（協會支付部分資金），並保證按時發放給會員。

　　協會成立以來，成功舉辦「遼金故里·夢幻松江端午節攝影大賽」「慶祝香港回歸十週年暨建黨八十六週年、松原建市十五週年端午節攝影大賽」「紀

▲ 吉林省伯都訥攝影家協會成立

▲ 中國・松原伯都訥端午文化旅遊節攝影展

念新中國成立五十九週年、改革開放三十週年攝影大賽」「紀念新中國成立六十週年攝影大賽」「中國・松原第三屆伯都訥端午文化旅遊節攝影展」「慶端午、迎七一主題攝影大賽」。

　　為給會員們搭建更好的交流、學習、展示的平台，協會在成立當日就舉辦了攝影知識講座，並組織會員從事現場創作。以後，又與長春佳能公司連繫，舉辦了兩次大型講座；與《松原晨訊》合作，推出每月一期的《攝影專刊》，現已推出包括「攝影知識」「景區推薦」「賽事信息」「佳作欣賞」「攝影人物」等欄目在內的專刊四十餘期，推出以「端午龍舟賽」「美術、書法、攝影展」「壩上行」「龍華風采」「迷人的秋色」「寧江工業」「火炬傳遞」「寧江旅遊」「秀美松原」「美麗的寧江」為主題的專版十餘期。與此同時，協會還積極組織會員向《攝影之友》《中國攝影報》《佳友在線》《東北風攝影網》《松原攝影家》《伯都訥文藝季刊》投稿。其中，夏遠彬、王德斌、王志平、薛兆陽、李華玉、畢令潮、盧文凱、王井雙等八名會員在國家級刊物《攝影之友》「地方巡展」欄目刊發攝影作品；盧文凱、楊武軍等十名會員在各網站舉辦的賽事中獲獎。同時協會積極拓展發展空間，已在「橡樹攝影網」「關東攝影網」開

關了自己的網站版塊。會員的圖片曾以質量的優劣和數量的累積得分，在中國橡樹攝影網位列全國第二。會員王井雙在「佳友在線網」上傳宣傳松原風光圖片二千餘張。

目前，會員創作、投稿積極性極高，發片率不斷攀升。協會為了提高協會會員的整體攝影水平和知名度，二〇〇九年組織會員參加了松原市委、市政府批准設立的松原文藝界最高獎——「哈達山文藝獎」的評選活動。寧江區委宣傳部榮獲優秀組織獎，吉林省伯都訥攝影家協會會員成績驕人，很多優秀作品榜上有名，其中，王志平的《牧歸》獲得一等獎；王井雙的《崛起》獲得二等獎；李華玉的《秋色》和雷志遠的《聖水漁漢》獲得三等獎；夏遠彬的《濕地風光系列》、張明傑的《秋韻》和孫凱斌的《哈達山野餐》獲得優秀獎。

協會還組織部分會員參加了以「魅力泥林」為主題的「大布蘇風情」攝影大賽，其中李華玉的《泥林滄桑之一》獲一等獎；雷志遠的《玉帶繞泥林》、王洪波的《夢筆生花》獲二等獎；尹志德的《臥駝望月》、華曉明的《中國乾安泥林》、楊武軍的《湖畔神龜》獲三等獎。夏遠彬、王德斌、王志平、薛兆陽、王井雙、譚慶梁、畢令潮、李延春的作品獲得優秀獎。

▲ 漁江唱晚

伯都訥廣場文藝晚會

　　為活躍城鄉群眾的精神文化生活，發展文化事業，弘揚先進文化，展示寧江區群眾文化生活水平，加快文化名區的建設步伐，二〇〇七年八月二十八日至九月三日，由區政府主辦的伯都訥廣場文藝會演拉開了帷幕。

　　文藝會演以「傳承寧江文明，打造文化名區，共建和諧家園」為主題，連續演出七場，每天一場。第一天，區民間藝術團的專業演員為廣大群眾獻上了一台精彩的文藝節目；第二天，來自區五個鄉鎮的農民演員表演了一場富有鄉土氣息的文藝節目，節目充分反映了我區農村、農民的新風貌，給全區農民藝人提供了一個展示才藝的舞台；第三天、第四天，各街道社區文藝演出團體及文藝愛好者演出了兩台精心編排的節目，充分展示了城市居民群眾的精神風貌；第五天，寧江區京劇票友協會的成員們為居民獻上了一台獨具特色的京劇演出；第六天，二人轉專業演員魏三、于小飛等和我區二人轉業餘演員奉獻了一台富有地方特色的經典唱段和新編劇目；第七天，寧江區各社區的歌舞菁英為群眾獻上了一台高水平的歌舞表演。

　　這次文藝會演是寧江區建區以來規模最宏大、題材最廣泛、節目最豐富的一次文化盛宴。從全區各鄉鎮、街道社區和民間藝術團選送的二四〇多個節目中篩選出一一五個優秀節目參加演出，演出人員一一〇〇多人。

▲ 伯都訥廣場文藝晚會社區專場演出

▲ 伯都訥廣場文藝晚會二人轉專場演出

▍伯都訥文化研究會成立

　　二○○八年一月十日，松原市寧江區伯都訥文化研究會成立。伯都訥文化研究會是在區政府直接領導下的群眾性文化理論研究機構。其主要任務是：面向社會發展會員；圍繞區委、區政府的中心工作組織會員大力挖掘整理、傳承弘揚、發展創新伯都訥文化；積極探索用社會主義核心價值體係引導社會思潮的有效途徑；以新的文化發展觀對本地域文化進行全方位研究；用文化理念打造城市形象，擴大城市知名度，提升城市品位；使傳統文化與當代社會相適應，與當代文明相協調；建立和諧文化，培育文明風尚，為寧江區的經濟發展和社會進步服務。研究會組委會設會長一人，副會長二人，秘書長一人，副秘書長一人。

　　寒來暑往，經過五年不懈的工作，伯都訥文化研究會的地域文化研究活動經歷了一個從盲目到自覺、由無序到有序的探索過程。研究會成立的第一年，會內工作和地域文化研究活動目標尚不明確，無統一研究課題規劃，呈現自由選題、各自為戰的局面。第二年，工作開始向正規化邁進，駐會人員工作有了初步分工；研究活動原則上確定了每個研究人員的具體方向。第三年，會內工作開始走上正規化軌道，辦公室工作的規範化管理初見成效；研究活動根據個人特長，開始進入出成果階段，同時明確將研究的主攻方向定位在地方滿族文化研究方面，並接受《伯都訥滿族文化概覽》一書的編纂任務。第四年，會內各項工作進一步規範，開始實行目標化的責任制管理；研究活動進一步走向正規，在分工完成《概覽》編纂的同時，定期召開會內評審組小型學術研討會，各方面的研究成果陸續問世。第五年，會內工作基本實現正規化、規範化、目標化管理；以「六個二」工程為目標的綜合研究活動有序開展，伯都訥地域文化研究的集體和個人的階段性成果已經顯現，收到了預期效果。目前，研究會的工作是取得了一定的成績，雖然從學術角度來看，還缺乏嚴密的系統性和一

定的深度，需要進一步提高，但是，從取得的一系列階段性成果看，研究活動
不能不說是一種地域文化研究的可喜嘗試。

中國・松原伯都訥端午文化旅遊節

　　二〇〇八年，寧江區成功舉辦了「中國・松原首屆伯都訥端午文化節」，活動內容有萬人踏青、全民健身表演、公祭松花江、龍舟賽、放河燈五項。二〇〇九年，又成功舉辦了「中國・松原第二屆伯都訥端午文化旅遊節」。本次文化節比上屆參與人數更多、涉及範圍更廣。二〇一〇年成功舉辦了「中國・松原第三屆伯都訥端午文化旅遊節」。本次文化旅遊節把伯都訥文化與宗教文化、傳統文化有機地結合起來，在形式上有所創新。內容在保留原來五項的基礎上增加到十三項。第三屆文化旅遊節的成功開展，充分展示了寧江區悠久的人文歷史和深厚的文化底蘊，對打造寧江特色文化，樹立寧江文化品牌，提升寧江知名度，促進寧江旅遊、經濟、文化等事業的全面發展起到了重要的推動作用。二〇一〇年，在北京國際新聞大廈舉行的中國節慶創新論壇上，「中國・松原伯都訥端午文化旅遊節」在六百多個參選節目中脫穎而出，被評為唯

▲ 中國・松原首屆伯都訥端午文化節

▲ 伯都訥端午文化旅遊節——祭江大典

一的「中國二〇一〇最具弘揚傳統節日節慶獎」。二〇一〇年，受俄羅斯濱海
邊疆州「洲長杯」國際龍舟賽組委會的邀請，寧江區組織了兩支隊伍參加了在
俄羅斯舉行的龍舟五百米和二百米直道競速比賽。這是寧江區龍舟第一次走出
國門，成為寧江區打出的又一張代表性的名片。

　　二〇一一年「中國·松原第四屆伯都訥端午文化旅遊節」成功舉辦。此次
文化旅遊節再次將伯都訥文化與宗教文化、傳統文化與現代文化進行了有機結
合，充分發揮了寧江厚重的文化積澱、秀美的自然風光、獨特的民族風俗優
勢，最大限度地整合了歷史、文化、旅遊等資源，賦予了文化旅遊節更新、更
全、更人性化的內涵。二〇一二年，「中國·松原第五屆伯都訥端午文化旅遊

▲ 伯都訥端午文化旅遊節——龍舟賽

▲ 伯都訥端午文化旅遊節——祭江

節」成功舉辦。文化旅遊節雅俗共賞，精彩紛呈。龍舟競技、書畫展覽、萬人長跑、公路自行車賽、趣味運動會、廣場演出、焰火表演，一台台好戲接連登場，為廣大人民群眾奉上了一場豐盛的端午文化盛宴。二〇一三年，「中國‧松原第六屆伯都訥端午文化旅遊節」成功舉辦。露天電影晚會、端午文化大篷車、廣場象棋挑戰賽、少兒舞蹈大賽、公路自行車賽、全民健身、祭祀松花江、萬盞河燈漂流，一場場大戲讓群眾流連忘返。

▲ 伯都訥端午文化旅遊節——河燈

全國第三屆金史女真史學術研討會在寧江區召開

　　二〇〇八年八月的寧江，秋風送爽，景色宜人。為挖掘、弘揚歷史文化，著名學術專家孫進已等來自全國各地的五十多位學界菁英齊聚寧江，在考察了伯都訥古城、「大金得勝陀頌」碑等歷史遺址的基礎上，八月二十三日在寧江區賓館召開了全國第三屆金史女真史學術研討會。

▲ 全國第三屆金史女真史學術研討會會場

　　這次研討會，緊緊圍繞中國古代女真族的歷史沿革和大金帝國的興衰際遇這條主線，從多個層面展開了認真的研究和探討。會上，來自全國各地的金史女真史專家、學者們站在歷史唯物主義的高度，以創新精神為指導，以史實為依據，就女真族的族源、族名、發展、伐遼、立國和金帝國從奴隸制向封建制度的演變以及經濟、政治、軍事、文化典制的確立發展等重大問題，羅列史實，廣徵博引，深入探討，各抒己見，提出了許多新的觀點、新的見解。把中國金史女真史研究活動推向了一個新的發展階段。

▌老年詩書畫研究會成立

　　寧江區老年詩書畫研究會成立於二〇一二年九月二十五日，經會員代表大會選舉，薛兆陽當選為會長，于泮江、百強、金巍當選為副會長，楊春雷當選為秘書長，選舉產生理事十一人。研究會下設四個部，即：繪畫部、書法部、詩歌部和宣傳部。

　　研究會的辦會宗旨是：遵守國家的憲法、法律和法規以及國家有關政策，遵守社會道德風尚，創作出更多的文藝精品，不斷提高寧江區詩書畫藝術的整體水平，為進一步滿足人們日益增長的物質和文化生活需要做出貢獻。

　　研究會的業務範圍：積極宣傳、貫徹、落實國家和省、市有關文藝創作的方針政策；結合實際，創作出更多的有地域特色的詩書畫作品；積極創作新作品，舉辦學習講座、展覽、比賽等活動，推進全區文化藝術事業的發展；承辦

▲ 寧江區老年詩書畫研究會第一屆會員大會會場

▲ 老年詩書畫研究會舉辦春節送春聯活動

政府和有關部門授權及會員委託的其他事項。

　　研究會成立後，積極開展送春聯、詩歌筆會等多種詩書畫活動。成功舉辦寧江現場會，展出書畫精品一百多幅。詩書畫三部門聯動，歷時一年時間成功創作出「魅力寧江十二景觀圖」。

　　目前，研究會會員總人數已達到八十五人。其中有省老年詩書畫研究會會員十三人，市老年詩書畫研究會會員八人。成功組建了街道、鄉鎮分會，擴大了詩書畫的影響力。分別成立了文化街詩書畫研究會、伯都鄉老年詩書畫活動之家、書法部地書分部，現在各分會工作開展得有聲有色，充分發揮詩書畫研究會的育人魅力。

▲ 老年詩書畫研究會舉辦畫展

松楷小巷任昔為雪瓦白牆老來江上漁歌輕

恰弓箸堆弓色仍懷神擂高柳孫子畫粱路

雛桃紅芽象新海面春風~田敏里一家祇愛夢心音

于泮江書

▲ 百強作品《泥林朝暉》

▲ 許建明作品《草原春雪》

▲ 于泮江書法作品

寧江區文化工作者獲「弘揚遼金歷史文化突出貢獻獎」

在二〇一四年三月三十一日松原市召開的遼金歷史文化研究會成立大會上，寧江區伯都訥文化研究會會長王維憲、副會長王昭全受到表彰，榮獲「弘揚遼金歷史文化突出貢獻獎」。

▲ 王維憲及其獲得的獎牌

▲ 王昭全及其獲得的獎牌

第三章

文化名人

伯都訥地方三面環水，風光秀麗，日夜流淌的松花江母親河，養育了伯都訥地
方各族人民，也培育了一代代風雅文士和文化菁英。無論是在古代各部族互爭
雄長的角逐行列裡，還是在近現代為自由解放和開發建設而拚搏的隊伍中，都
曾湧現出一批批為文化藝術的發展繁榮而獻身的文化名人。

音樂歌舞界

徐達音

徐達音（1927年至2008年），祖籍河北祁州，一九四〇年隨父遷至扶餘縣三岔河鎮定居。曾就讀於「三岔河國民學校」和「三岔河國民優級學校」。

一九五一年六月，徐達音調到三岔河文化館工作。一九五六年，徐達音因具有器樂和音樂理論特長，被保送到吉林省藝校音樂專業班進修一年，結業後回到三岔河文化館工作。一九五九年調到扶餘縣文化館。一九六二年借調縣新城戲實驗劇團參與新劇種音樂創編，一九六五年調回縣文化館。

在群眾文化工作中，徐達音多次組織並率領業餘劇團到縣內各地演出，受到群眾的普遍歡迎；多次舉辦音樂培訓班，培育了一批又一批音樂骨幹。一九六五年「四清」運動中，他被派到伯都鄉蹲點，對農民群眾文化生活匱乏問題，他看在眼裡，急在心裡，落實在行動上。他動腦想辦法，精心設計，巧手製械，發明製作了「文化箱」。「文化箱」內有幻燈機、圖書、畫報、小人書、小黑板、小展覽，還有口琴、笛子、板等，可同時開展多項活動，號稱「十三箱」。「文化箱」製成後，徐達音用一根扁擔，挑起「文化箱」和簡單行裝，步行下鄉，與社員同吃、同住、同勞動。「文化箱」不離身，隨時都可以開展活動。下地勞動也隨身攜帶，休息時打開「文化箱」，社員看書、看報、看小人書、看小黑板報、看小展覽；唱歌時用口琴、笛子伴奏，並教社員們唱歌；晚上在生產隊放幻燈片，農民叫它「土電影」。「文化箱」服務便民，非常受農民群眾的歡迎。

徐達音工作認真，一絲不苟，學習虛心，治學嚴謹，單位曾兩次派他去金碑所在地，負責對省級（後升為國家級）重點文物保護單位「大金得勝陀頌」碑的保護和修復工作。一九六一年，他在修建碑亭過程中，用放大鏡將碑文全

部錄下。在這項工作中，徐達音做出的最大貢獻，是他首先發現了石碑「身首反向」的問題，並及時向上級部門作了發現問題和準備進行糾正的報告。獲批准後，對石碑的「身首反向」進行了更正。此舉使「大金得勝陀頌」碑蒙受一三〇多年的「身首反向」之誤，得以恢復原貌。

在參與「大金得勝陀頌」碑的保護和修復工作中，徐達音對碑文進行了仔細的抄錄和深入的研究，撰寫了數篇觀點鮮明、立論充分的學術文章。主要有：《金碑建立之原委》《一代英主之象徵》《金碑撰文、書丹、篆額者考釋》《寧江州考》《金碑保護初記》（與韓光烈合著）等。這些文章，具有重要的學術價值，為研究遼金歷史、地理等，提供了可信度較高的資料依據。

徐達音對八角鼓的研究，是從一九六二年調入「新城戲實驗劇團」時開始的。當以八角鼓為基調的新劇種—新城戲誕生後，他被借調劇團，研究新城戲聲腔音樂的母體——八角鼓，以加強劇種聲腔音樂理論建設。他當時提出劇種建設分兩條路走，一是仍按原來的作曲方式搞下去，二是把新城戲聲腔音樂的基調搞清楚，創建基礎理論之後，再確定聲腔音樂發展的路子。在此期間，他曾去呼和浩特市，將呼和浩特市的滿族八角鼓曲牌、曲目、唱腔唱段等資料，全部蒐集回來，為進一步研究八角鼓積澱了豐厚的基礎資料。

一九六五年，徐達音調離劇團回文化館工作後，對八角鼓的研究仍未中斷。他利用業餘時間和外出開會等機會，蒐集資料，潛心研究。陸續有《扶餘八角鼓》《八角鼓源流考》《八角鼓民族屬性辨析》和《滿族新城戲聲腔音樂的民族特點》以及《渤海樂古今探微》等研究文章問世。其中《八角鼓源流考》一文作為參加「中國滿族文化史學術年會」的學術論文，受到與會者的好評，並載入大會論文集裡，同時此文受到中央音樂研究所和有關專家的高度重視；《八角鼓民族屬性辨析》一文，被評為吉林省優秀論文，載入《民俗研究論叢》一書中；《渤海樂古今探微》一文獲「世界學術貢獻獎」金獎，此文被載入《世界學術文庫·中華卷》。這些理論文章，為新城戲認祖歸宗和向滿族文化方向發展，奠定了堅實的理論基礎，對新城戲滿族屬性的界定，起到了至

關重要的作用。

「文革」期間，曾被下放到新民鄉（今屬寧江區伯都鄉）插隊落戶。回城後，仍回到縣文化館繼續從事群眾文化工作。

一九八二年，徐達音被借調到縣史志辦公室，作為編輯人員參與《扶餘縣志》的編纂工作。一九八七年離休後，被縣史志辦繼續聘用，直到一九八九年《扶餘縣志》初稿完成。在史志辦公室工作期間和完成縣志編纂工作後，徐達音曾參與國家重點藝術科研項目「十大集成」中的《中國戲曲志》《中國曲藝志》《中國戲曲音樂集成》《中國曲藝音樂集成》四大集成的地方條目的編纂；獨立完成《扶餘文化藝術志》的編纂，並編纂完成洋洋八十萬字的古代音樂理論專著《中國古代宮廷音樂》；曾完成《扶餘縣志》（科技、文化、政法等部分初稿）、《戲曲志》《曲藝志》《戲曲音樂集成》及《吉林省文化藝術志》《扶餘縣文化藝術志》等志書的文字稿近百萬字。

徐達音對文化的興趣，或者說對文化的酷愛，對文化的鍾情，可以說已經達到痴迷的程度。他視文化為第二生命，不畏清貧，不懼勞苦，終其所生，一直執著地堅持在文化崗位上。為了這種追求，有多次能使他改變命運的機遇，都與他擦肩而過。為了保持「文化晚節」，他口袋裡揣著一紙調令，卻毅然放棄了可以有更優厚待遇的去油田工作的機會。

徐達音離休後，仍在奮筆耕耘。他常說：「我已這把子年紀，剩餘的時間已經不多了，要爭取時間，把我知道的東西留下來，否則，帶到那個世界去就可惜了！」因此，他不顧年老體弱，爭分奪秒地工作。他的忘我勞動和無私的奉獻精神，給後人留下了寶貴的精神財富。在這種精神的支撐下，他離休後又相繼先後完成了《中國古代宮廷音樂》（上、中、下）、《新城戲與八角鼓》《庸人萍蹤錄》《知靜齋敝帚集》等專著。「老牛自知夕陽晚，不用揚鞭自奮蹄」，他用實際行動，實踐著自己的諾言。

由於研究成果卓著，在社會上產生了很大的影響。徐達音先後被吸收為中國少數民族音樂協會會員、中國滿族音樂研究會會員、吉林音樂協會會員、吉

林民間文藝協會會員、吉林省民俗學會會員、吉林省群眾文化學會會員；他還受聘為瀋陽東亞研究中心東北亞人物研究所研究員、《世界文化名人辭海》特邀顧問編委等。一九九七年，他的名字以「徐達音，當代著名學者、新城戲聲腔音樂創始人之一」為標題，被列入《松原人物》一書。一九九九年，徐達音的名字被列入《中國專家大辭典》，同年，被列入《世界文化名人辭海》。

二〇〇八年一月，徐達音病逝，享年八十一歲。

李樹軍

李樹軍（1967年-　），生於扶餘縣。國家二級演員，寧江區政協委員，區文聯會員，松原市戲劇曲藝家協會理事，市民間文藝家協會理事，區音樂家協會主席，松原電視台特邀節目主持人。

李樹軍先後演出二人轉《斷後》《賠情》《弔孝》《別母》《拱地》《遊春》《殺廟》《西廂》《藍橋》《醉青天》等二十多個曲目；演出拉場戲《回杯記》《馬前潑水》《大觀燈》《二姑爺拜壽》《沒事找事》《挑刺兒》

▲ 李樹軍

《撐媽》等二十多個劇目；曾主演《剪綵》《電話聲聲》《考演員》《今夜有雨》等十多個戲劇小品。其演出的節目先後獲吉林省第十三、十四、十五屆二人轉會演二等獎，第一至五屆二人轉藝術節比賽二、三等獎。其中，小品《考演員》在一九九九年全區慶祝新中國成立五十週年系列活動中，獲表演一等獎。拉場戲《撐媽》在二〇〇〇年由遼寧省文化廳、黑吉遼三省曲協共同舉辦的「西柳杯」海城邀請賽中獲表演銀獎；在二〇〇五年「第三屆中國‧濱州博興國際小戲節」上獲優秀表演獎。

二〇〇四年，李樹軍先後在電視劇《聖水湖畔》《天道無欺》中扮演不同角色；期間還參與了《美麗的田野》《關東漁王》的拍攝。

于慧

于慧（1973年-　），生於吉林省扶餘縣，畢業於吉林省戲曲學校舞蹈專業。現任寧江區文化館文藝輔導幹部，省音樂舞蹈家協會會員，市音樂舞蹈家協會理事，區舞蹈家協會副主席。

▲ 于慧

戲曲學校畢業後，她又考入了吉林省廣播電視大學舞蹈系和吉林省委黨校進修學習。她每年都利用公休時間到北京舞蹈學院培訓班學習，不斷地掌握舞蹈藝術的發展方向和先進理念，堅持不斷地提高業務水平和專業技能。她創編的舞蹈《長長的紅綢帶》在寧江區首屆文化體育藝術節中獲一等獎；她在中央電視台《夢想劇場》欄目表演舞蹈《花棍舞》；她為松原市農業專科學校創編的舞蹈《一九九七，我走進你》獲吉林省大學生舞蹈比賽一等獎；她還為當地醫院慶護士節編排《小看戲》《軍中姐妹》等各類舞蹈。

在多年經驗積累的基礎上，她撰寫的論文《少兒舞蹈的美育功能》發表於省級刊物《群眾文化研究》上。在吉林省慶祝中國共產黨十五大召開，以及迎香港回歸歌詞創作評獎活動中獲歌詞創作優秀獎。

為了活躍寧江區的少兒文化生活，引導少兒舞蹈起步走入正軌，她於一九九六年創辦了雨花舞蹈班，經過幾年的風雨歷程，雨花舞蹈班已成為松原市知名的少兒舞蹈中心，在吉林省每年一屆的「新苗杯」少兒藝術系列大賽中，她輔導的學生連續多年獲舞蹈組比賽一、二等獎。二〇一〇年她的獨舞《小保姆》參加全國新星獎選拔賽，獲吉林賽區一等獎；二〇一一年她創編的舞蹈

《嘿，小可愛》參加在香港舉辦的金紫荊花少兒藝術大賽，獲金獎；二〇一二年她創編的舞蹈《扎西德勒》、二〇一三年創編的舞蹈《歡歌起舞》《俄羅斯的小姑娘》在全國桃李杯藝術大賽中均獲一等獎。

文學界

洪皓

　　洪皓（1088年至1155年），字光弼，鄱陽（今江西省樂平市岊山）洪源村人。生於北宋哲宗（趙煦）元祐三年，卒於南宋高宗（趙構）紹興二十五年。洪皓自幼聰敏，飽讀經史。少時即以才識名重鄉里。徽宗（趙佶）政和五年（1115年）登進士第。初任寧海縣主簿，宣和年間改任秀州司祿。在任期間，秀州連歲荒旱，飢民大增。宣和五年（1119年），秀州大水，百姓流離失所，餓殍遍野，洪皓越職開倉賑濟災民，並冒負罪之險截留浙東綱米數船救濟百姓，民眾譽之為「洪佛子」。

　　靖康之變後，北宋亡，康王趙構即帝位，立南宋。金兵再次南侵，朝野惶然。洪皓「位卑未敢忘憂國」，數次上疏朝廷，對抗金與議和問題提出積極建議。在愛國將領張浚等推薦下，高宗破格召見廷對。建炎二年（1128年），經張浚等保舉，洪皓連升五級，擢為徽猷閣待制，假禮部尚書，拜為大金通問使，奉詔出使金國。

　　出使途中，洪皓又奉旨招撫李成等部叛軍和群盜李閣羅、小張浚等部。

　　建炎三年（1129年），洪皓一行至金兵統帥宗翰（即粘罕）駐地揚州。宗翰以宋廷已有降書為由，勸洪皓降金，許以高

▲ 洪皓插圖

官，洪皓凜然回絕。宗翰怒，遣人將洪皓押往太原關押。

一年以後，金冊封宋朝降官劉豫為「大齊皇帝」，都大名（後遷開封）。宗翰將關押太原的洪、龔二人解往開封，逼令事偽。洪皓表示：縱令一死，亦不願偷生於鼠狗間！宗翰遂令將二人流放冷山（今黑龍江省五常一帶）。

冷山為金元帥右監軍完顏希尹（即悟室）領地。希尹將洪皓安置在離府邸不遠的一破陋土屋，並令其自謀生路。希尹早年隨太祖完顏旻起兵，屢有戰功，且善屬文，曾受命創製女真文字。其對洪氏學識甚為賞識，遂令子姪輩隨其讀書。洪皓雖為囚居之人，但仍以傳播中原文化為己任。曾以樺皮為紙，親書《四書》以做教材，史稱「樺葉四書」。希尹敬其才幹，欲聘其為侍從官，洪皓正色回絕道：「皓本皇宋使臣，為和議而使金，雖被金邦無理囚押，但仍為堂堂宋官，豈能仕金！」洪皓心存家國，雖布衣素食而不失宿志。

洪皓不但通過教館傳播中原文化，還向當地女真人民傳授生產技術。他自力墾荒，起屋造房，為當地人作示範。很多穴居的女真民戶受其影響，紛紛走出洞穴，墾荒務農，飼養禽畜，造屋建宅。冷山地方經濟很快得以發展，成為塞北荒原上的較大集市。

洪皓在流放期間，遍遊金國北方各地，所到之處，都深入考察，對金國北方山川地理、經濟物產、風土人情，以及金國歷史沿革、禮儀制度和軍國大事都做了詳細瞭解和記載。寧江州（今松原市區北伯都鄉一帶）距冷山較近，又是遼末金初時政治經濟軍事重鎮，係當年太祖起兵伐遼首克之都會，所以洪氏出遊考察，多次出入此地，並在其回國後編寫（據回憶口述尤其子記錄）《松漠紀聞》，其中以較多筆墨記寫了寧江州一帶的風土民情。

洪皓在金羈留期間，多次將金國統治集團上層動向寫成奏疏送回宋朝，建議宋廷可趁金上層不和將生內亂之機，興兵北伐。洪皓冒著極大的風險，曾九次派人向南宋送去金國的軍事情報。紹興十年（1140年），洪皓又寫機密奏章數萬言，交宋諜趙德帶回，主要談及適逢金國軍力疲憊、打算放棄燕山以南之地，宋可趁機全力反攻，收復失地。當年冬，再送金人厭戰情報，勵宋軍乘勢

北進，再造昔日繁榮。但趙構集團甘於偏安，無意復土，不但不採納洪皓建議，反而在屈辱求和方面愈走愈遠，簽訂了喪權辱國的「紹興和議」。

金熙宗完顏亶皇統三年（1143年），得太子，大赦天下，洪皓亦被拘十五年之後得以放歸。

紹興十三年（1143年）七月，洪皓回到臨安，並晉見高宗於內殿，乞歸，高宗曾挽留他：「卿忠貫日月，去不忘君，雖蘇武不能過，豈可舍朕去耶！」於是被留朝廷。九月，授徽猷閣直學士，提舉萬壽觀兼直學士院。洪皓疾惡如仇，在朝中每有譏刺權奸秦檜之舉，故不久便被罷官。初貶知饒州，繼又貶任濠州團練副使，並閒置英州達九年之久。

紹興二十五年（1155年）十月，洪皓奉旨再徙袁州。途次南雄州罹疾暫駐，二十日病逝於南雄州，終年六十八歲。

洪皓去世次日，一代權奸秦檜病死。未久，朝廷下旨，為洪皓謚號「忠宣」，贈太師，封魏國公。洪氏家鄉為其立「洪忠宣公祠」，祠中明柱聯云：

身竄冷山，萬死竟回蘇武節；
魂依葛嶺，千秋長傍鄂王墳。

洪皓知識淵博，於「書無所不讀，雖食不釋卷」，不但精通經學、史學，也精通詩文辭賦。留金期間曾經寫下上千首詩詞，金人「爭抄誦求鋟梓」，後來大部分散佚。今《鄱陽集》所存數十首，皆清新樸實，含義深遠。洪皓又曾同張邵、朱弁寫詩唱和，集成《軒唱和集》三卷，今已不存。洪皓還「善琴奕」，「能別三代彝器」，識書畫。洪皓博聞強識，詩文遺作有《文集》《春秋紀詠》《帝王紀要》《姓氏指南》《金國文具錄》等。拘留金地期間，他遍遊松漠大地，寫下了大量詩詞作品，如《春秋紀詠》等，歸宋時恐於南歸有礙，懼焚之。南歸後，依記憶重寫，編成詩集《鄱陽集》二卷，詞集《鄱陽詞》一卷。

左宜

左宜（1780年-1856年），字子曙，號謙甫，生於安徽桐城，曾兩任伯都訥廳巡檢。其父係桐城派文人，拔貢生。初為塾師，後出仕，為山西潞安府教諭。左宜自幼接受文化薰陶，飽讀經史。嘉慶八年（1803年），投親進京求仕，經薦引，入欽天監當天文生。嘉慶十年（1805年），因其姐夫姚元之（書畫家，入仕後官至左都御使）中進士，授翰林院編修，左宜全家遷居中都。為習文備考方便，左宜於是年受僱翰林院，任供事（相當於僱員）。嘉慶十二年（1807年），參加順天鄉試，因書論與時政不合落第。事後，左宜曾有詩作譏科場弊端：「樂地不逾名教外，人才都定笑談前。」秋闈不第後，出為國史館供事。在任十六年，方由國史館呈報吏部，轉為低級官員，派任伯都訥分防巡檢（州、縣地方長官之屬官，官階從九品，掌治安、河防）。道光四年（1824年）八月，左宜離京赴任，輾轉北上。九月到伯都訥新城就職。在任期間，因髮妻早歿，續娶伯都訥大窪錢氏，遂安家在新城。六年任滿。次年，由副都統保薦連任。巡檢官微祿薄，加以左宜為官清廉，只能節儉度日，常以豆腐佐食，助炊亦多用風箱燒乾馬糞，時人曾戲之謂「豆腐老爺、馬糞太太」。左宜在伯都訥任官近十年，頗得上司信任和下級擁戴。

道光十四年（1834年）秋，因染目疾，告病辭職回籍調養。三年後還伯都訥，定居於大窪屯務農，學稼習耕，與鄉人相處頗睦，或與在任官員、地方文士來往，多有詩文唱和。左宜多年為官，不習農事，加以年邁力衰，稼穡頗艱難，累年歉收。曾作《苦風》《學稼》等詩文嘆之。在《苦風》詩中寫道：

本年（乙亥）麥苗初出，甚覺時和，乃四月風多，少休息。平靜之日，雨澤未，大有可慮，因占口號。

麥苗初露頗稱良，
可奈無情風太狂。

長養正須灌潤澤，

怒號況復更飛揚。

柔荄哪任頻搖盪，

弱質何堪遇暴強！

翹首望雲兼記日，

極施膏渥惠烝氓。

道光十八年（1838年），病體稍瘥，報吏部申請復職。次年，諭吉林候缺。候缺十二年間，曾兩次任吉林鄉試同考官，並曾代理伊通河巡檢。

道光二十八年（1848年），代理伯都訥巡檢。

道光二十九年（1849年），得補原缺，於古稀之年，重任伯都訥巡檢。

咸豐五年（1855年），左宜辭巡檢職，以病老告歸。

咸豐六年（1856年）二月，左宜病逝於伯都訥新城家中，享年七十六歲。

左宜一生，宦海沉浮，公事之餘，唯嗜文墨，勤奮筆耕。善詩文，喜書法，有詩集《雲璈集》，收自作詩四百餘首，《燕台瑣聞》四冊，收記聞五百則，《東土記聞》五編，《伯都訥記事》和《崇古學舍記事》各一冊。這些文稿尤其後人保存，傳之數代。「文革」期間，其大多遺墨被毀棄，現僅存《燕台瑣聞》（記京都軼事）殘本。

師田手

師田手（1911年至1995年），原名田質成，吉林省扶餘縣人。一九三二年在北平弘達學院讀書時，就不斷將抗日救亡的文章寄回家鄉《共和報》副刊《火犁》上發表。

一九三三年師田手在上海參加了中國左翼作家聯盟，在何香凝、廖承志辦的《國難展覽會》工作一段後，一九三四年又回到了北平考取了北大，同時任北平左翼作家聯盟組長。一九三六年加入進步青年組織民族解放先鋒隊，並同黃華、陸平等一道投身在「一二·九」革命運動中。肩負神聖使命責任感的他，埋頭為報紙趕寫北平淪陷的報導，向全國儘快地報導出去。

一九三八年三月在河南加入了中國共產黨，十月赴延安，在中央組織部訓練班學習工作了一段時間後，出任延安邊區文化協會黨支部書記、組織部秘書、三五九旅七一八團文藝工作隊秘書等職。

丁玲在《延安文藝座談會前前後後》一文中說：「我到文協負責日常工作，有事便與支部書記師田手同志商量……這時文協機關人員很少……大家都住在楊家嶺的後山溝，除自寫文章外還在陝大、陝公、女大等處建立業餘文化小組……」

▲ 師田手作品《燃燒》

雷加同志說：「一個在學生運動中成長起來的青年共產黨員和一個老地下黨員相遇，並在一起攜手工作。當年丁玲青春煥發，而他也具備了黨的工作經驗。他們的交談從不離開工作和學習，無論在散步中間，還是在白皮書桌的旁邊或是燃燒著蠟燭的夜晚」。

對革命工作的愛，最終表現在寫作上，

他永遠肩負著一種報導任務。從「九一八」事變起，直到解放戰爭勝利的每一個革命浪潮、每一個時代轉折，他都要求實踐，把親身體驗的感受寫出來，為了自己，也為了周圍的人和下一代。

幾十年來，他在各種報刊、雜誌上刊登的小說、散文、詩歌、報告文學、評論等文章，據不完全統計就有近二百篇之多。

抗戰勝利後，隨西安幹部大隊赴東北，任《東北日報》記者。一九四六年，調任吉林人民政府備糧工作隊秘書主任。一九四八年，任中共雙陽縣委常委、雙陽縣縣長。一九四九年以後，歷任吉林省文教委員會副主任、省文教廳長、教育廳長等職。

一九五三年，調任東北作家協會副主席、黨組副書記。在作協任職期間，曾兼任一年《文學叢刊》主編。師田手重新回到專業文學創作崗位，是在追求和實踐自己的一個理想和夙願，就是要創作出一部《軍墾南泥灣》的史詩來。當時他差不多有三五年的時間在三五九旅生活，由始至終參加了軍墾南泥灣的大生產運動。他全心全意地投入進去了。他對王震將軍和三五九旅的每一個幹部戰士始終懷有深情厚誼。南泥灣墾荒的鎬頭聲、織布機的穿梭聲、戰士們鼓勁兒的口號聲始終在他耳邊迴響，鼓舞和促動著他在南泥灣的土地上繼續進行辛勤的筆耕和勞作。雖然晚年病重，不能把《軍墾南泥灣》全部完成，只發表了部分章節，但是他的《活躍在前列》等七十二篇小說和特寫，都盡情地歌頌了陝甘寧大生產運動中的英雄。他的小說《忘我的陳

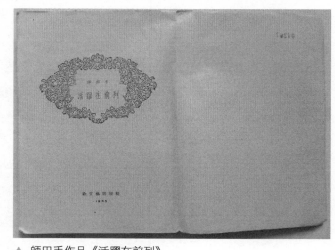

▲ 師田手作品《活躍在前列》

宗堯》不僅用濃墨刻畫了一個無限忠於黨和無產階級革命事業的英雄形象，更難能可貴的是寫了王震將軍對三五九旅的老部下那種噴吐難抑、純潔高尚的無產階級情誼，感人肺腑，催人淚下。這些，師田手自己也多次感受到了。二十世紀七〇年代他到北京治病，得到王震和夫人王季清的關懷。在他失語、失寫、失認多年後，往往在電視上看到王震時，他就手舞足蹈，恢復某些記憶。師田手在二十世紀三〇年代初，作為東北的一名青年學生，走出家園，奔赴抗日戰場，經受了血與火的洗禮。趕走了日本侵略者以後，他又回到了松花江畔，回到了東北家鄉。又是幾十年，他坐下來創作不止，歌頌中國人民抗日愛國的偉大民族精神。

自一九五三年後從事專業文學創作，除一九四九年東北新華書店出版了《燃燒》一書外，他還在一九五五年出版了《活躍在前列》《爺爺和奶奶的故事》，一九五七年出版了長詩《歌唱南泥灣》，一九五九年出版了《螺絲釘之歌》，一九六〇年出版了文藝評論集《紅雨集》。

師田手和其他老作家一樣，蒙受了極「左」路線之苦，特別是在「文革」年代，嘗盡了生活的辛酸，受盡了政治上的迫害。令人遺憾的是，他卻在參加紀念「五‧二三」的文藝座談會上，由於過度激動在會場上病倒了，神志不清。從那一天起直到臨終一直失語、失認、失寫、失聽以至生活完全不能自理。

師田手的創作題材廣泛，體裁多樣。他筆下塑造的工人、農民、戰士、革命的知識分子和革命幹部的形象都有強烈的民族感和時代感，富有戰鬥氣息。他無論在小說、詩歌、散文、報告文學以及兒童文學的創作中，都以飽滿的政治熱情，歌頌黨，歌頌人民，歌頌偉大的祖國。

自一九三三年他參加中國左翼作家聯盟起，五十多個春秋，從未停過筆，他寫下了近五十萬字的兩個中篇小說《姑嫂鬥》《中流砥柱》，短篇小說《巍巍步云山》以及詩歌等其他的作品，記錄了生活的激流。

在紀念世界人民反法西斯戰爭和中國人民抗日戰爭勝利五〇週年時，師田

手的小說《大風雪裡》被選入《世界反法西斯文學書系》及《中國抗日戰爭短篇精粹》中。但這一喜訊傳來，並把紀念獎牌和證書即將頒發給他本人時，師田手已於一九九五年九月十六日在大連與世長辭，享年八十四歲。

　　吉林省作家協會在悼念他的文章中說：「我們為東北作家群有這樣一位資歷精深、作品豐腴的老作家和文學事業的領導者感到無比的驕傲和光榮，同時為失去這樣的文學前輩而悲傷。」

梁信

梁信（1926年-　），出生於吉林省扶餘縣。原名郭良信，現居廣東省廣州市白雲區。小學肄業後當過學徒、雜工、售票員。一九四五年參加中國人民解放軍，曾任松江軍區獨立四師宣傳隊長，後在廣西擔任武工隊長、區委書記，參加過多次剿匪戰鬥。一九五三年畢業於中南部隊藝術學院，任中南軍區專業創作員，並發表了《我們的排長》《穎河兒女》兩個獨幕劇。一九五七年創作了電影文學劇本《紅色娘子軍》，一九六〇年根據所作長篇小說改編成電影劇本《碧海丹心》。一九六二年調廣州部隊政治部創作組，一九七六年與人合作將話劇《南海長城》改編為電影劇本，並創作了電影劇本《特殊任務》。「文革」後創作了《從奴隸到將軍》（上、下集）、《赤壁大戰》《主犯在你身邊》《紅姑寨恩仇記》等電影劇本。梁信的電影創作，堅持了現實主義傳統，在電影民族化、大眾化方面取得了一定成績。他在《紅色娘子軍》中塑造的吳瓊花、洪常青，在《從奴隸到將軍》中塑造的羅霄等人物形象，豐滿生動、個性鮮明，具有濃郁的民族特色。梁信還寫過不少長短篇小說，如《龍虎風雲記》等。一九八三年獲中國人民解放軍文藝獎和廣東省魯迅文藝獎。

梁信的藝術造詣是多方面的，在影視、小說等各個領域都取得了可喜的成就，尤以電影劇本的創作最為顯著。其中最有代表性的是《紅色娘子軍》和《從奴隸到將軍》，這兩部作品標誌著他的文學創作趨於成熟。

何寅泰在《梁信小傳》中寫道：「梁信的創作已逐漸形成了自己獨特的藝術風格，可以用一個字來表達，就是『烈』，在『烈』中求奇、趣、真、美。梁信筆下，人物的命運都是奇特的，平淡無奇的作品難以流傳下來。他的作品，不僅奇，而且有趣，好看，有很強的吸引力。當然，這種奇特不是怪誕，而是來自現實生活的土壤，是藝術的真實。梁信筆下的英雄形象都是美的，他們具有心靈、道德、友誼、情操的美，具有中華民族精神的美。無論是瓊花，還是羅霄，都具有這些美德，又都具有自己獨特的個性」。

于廷仕

于廷仕（1932年至2012年），出生於吉林省榆樹市秀水區大於屯的一戶農民家庭。其父常年在外地教書，其從小就同祖母、母親在一起，七八歲時就跟隨大人學幹農活。于廷仕幼時即渴望讀書學習，空閒時就自學文化。後來家庭經濟狀況稍有好轉，這才正式進入榆樹西關小學讀書。讀書期間，每到假期就上山打柴，把自己開學後日常家用柴草備足。東北光復後，時局混亂，學校暫時停辦，于廷仕離校回家務農，並堅持自學。

1950年，于廷仕考入榆樹師範學校，繼續學業。1952年7月畢業，分配到扶餘縣三岔河中心小學任教，先後任教師、事務主任。于廷仕從此定居扶餘縣，扶餘成為他的第二故鄉。

1956年秋，調扶餘縣工會，先後任幹事、俱樂部主任、合作工會副主席。1962年調縣文化館任館員，後兼任縣文聯秘書。

1978年10月，調《參花》編輯部任編輯，後取得學術職稱副編審。因工作業績突出，思想要求進步，於1983年加入中國共產黨。

于廷仕喜歡文學，在大量地閱讀古今中外文學作品的同時，也經常練習寫作。1954年在某國家級刊物上發表處女作快板書《一對大西瓜》。此後，開始了他一生為之努力的文學創作生涯，步入文學創作之路。多年來，于廷仕筆耕不輟，創作了大量的小說、曲藝作品。其中主要作品有：唱片新編歷史小說《金鞭記》《宮廷戮殺》，長篇評書《夜打登州》，偵探小說集《夢斷白樓》《少女設下的陷阱》，中篇說唱《梅花案》，二人轉《買嫁妝》等。

因創作成果豐厚，于廷仕曾被多家國家級、省級文學藝術團體吸收為成員，曾任中國大眾文學協會會員、吉林省作家協會會員、吉林省民俗學會會員、二人轉藝術家協會會員。

1995年1月，于廷仕退休，但仍未放棄文學創作。

2012年2月12日，于廷仕因病在長春逝世，享年81歲。

王維憲

王維憲（1937年- ），出生於吉林省扶餘縣。吉林省作家協會會員，松原市作協顧問，現任洪皓研究會會長、寧江區伯都訥文化研究會會長。中華詩詞學會會員、中國鄉土作家協會理事、長白山文化研究會理事；受聘為中國古代文學研究會詩詞創作委員會委員、中華詩詞文化研究所研究員等職務。出

▲ 王維憲在伯都古城

版有長篇小說《洪皓傳》（與胡瑞英合著）、《一代鷹王》，詩文集《洪皓詩詞譯註》《丁丑園詩文集》等，主編論文集《洪皓在松原及其他》等文集多部；主編《伯都訥文化叢書》（10冊），地域文化研究專著《伯都訥史話與傳說》（合作）、《伯都訥滿族文化概論》（合作），主編《伯都訥文化研究文集》（上、下）等。因成就突出，曾獲松原市第一屆「哈達山文藝獎成就獎」。二〇〇八年被中國文藝榜中國當代文藝人物評委會授予中國文藝榜——百名中國當代人物榮譽稱號，並榮獲中國當代最佳藝術成就獎。

▲《洪皓詩詞譯注》

劉燕

劉燕（1949年- ），出生於吉林省長春市。曾任扶餘市委宣傳部副部長，扶餘區文化局局長，松原市文化局副局長、正處級調研員。吉林省勞動模範。松原市政府首屆「哈達山文藝獎特殊貢獻獎」、松原「弘揚遼金歷史文化突出貢獻獎」獲得者。現任松原市規劃展覽館文化顧問，中國楹聯家學會會員、吉林省楹聯家學會理事、吉林省作家協會會員、松原市戲劇曲藝家協會名譽主席、松原市楹聯家協會副主席、松原市詩社副社長。

劉燕從一九八五年開始，在《詩人》《白城日報》《戲劇文學》《松原日報》《松花江雜誌》《吉林日報》等報刊上發表了數百篇（首）文學、戲曲作品。一九九二年劇本《鬧婚》獲文化部第三屆「群星獎」銅牌，有三個劇本連續獲全省會演創作一等獎。曾獲得北京奧運會「百城迎奧運」海內外徵聯大賽優秀獎、中國吉林「查干湖杯」徵聯大賽二等獎。

她為電視連續劇《聖水湖畔》創作片尾歌《喚醒》（該劇獲「五個一工程獎」）。創作了幾十首讚美家鄉的歌曲，如電視專題片《中國松原》《崛起的新城》主題歌，曾廣為傳唱。

她撰寫的《松原賦》，鐫刻於松原市地標式建築──松原市規劃展覽館外牆，成為鎮館之作，贏得了包括國家級領導在內的參觀者的高度讚譽；曾出版個人文集《燕歌行》《童年之歌》《燕歌行》續集；編著《松原市導遊詞精選》、文史資料集《松原文化風采錄》等。

一九九二年，她主持策劃、創作的大型歷史故事劇《鐵血女真》曾轟動中國劇壇，一舉摘獲中宣部「五個一工程」獎、文化部文華獎、戲劇梅花獎等三項獎項，獲評首屆松原市勞模。

二○一○年，她促成了電影《大金始祖》的拍攝，開創了松原建市以來電影拍攝之先河，此片填補了中國電影界遼金題材影片的空白。

孫兆貴

孫兆貴（1965年-　），生於吉林省扶餘縣伯都公社（今伯都鄉），曾任伯都鄉文化站站長，後調到扶餘縣文化體育局任創作室副主任兼任縣文化館副館長。現為吉林省作家協會會員、民間文藝家協會會員，松原市戲曲家協會理事。

經過多年的努力，孫兆貴在文學的道路上取得了可喜的成就。他相繼在《當代小說》《青年文學家》《天池小小說》《瀚海》《民間文學》《民間故事》《新聊齋》《鄭州晚報》《吉林日報》等國內多家報刊上發表了數十篇作品。其中小說《丫丫》在一九九四年榮獲中國「蝮龍杯」文學大獎賽二等獎（一等獎空缺）；小說《獒》在一九九九年榮獲「大紅鷹杯」全國文學大賽優秀獎；小說《烏龍駒》在二〇〇二年榮獲「三峽杯」全國文學大獎賽佳作獎。小說《上城》被《小小說選刊》轉載；小說《棋魔》被《傳記·傳奇》和《文摘旬刊》轉載。

他還為少年兒童精心創作了二六〇篇童話故事（已結集）和二十集電視系列劇一部，並創作出了可供演員演出的舞台劇本多部。其中，話劇小品《家裡沒人》榮獲吉林省第三屆二人轉·戲劇小品藝術節編劇二等獎，小品《狹路相逢》榮獲吉林省第四屆二人轉·戲劇小品藝術節編劇一等獎，並且還榮獲了演出劇目一等獎。

影視界

高秀敏

高秀敏（1959年至2005年），生於吉林省扶餘縣朝陽鄉郭家村（今屬寧江區大窪鎮），畢業於扶餘四中（今松原市第二高級中學）。國家一級演員，全國著名笑星。

高秀敏十七歲時，就已經是大窪公社宏圖大隊文藝宣傳隊的骨幹，在一次次的演出中，她那響亮的歌喉，唱著《繡金匾》《山丹丹開花紅豔豔》等民歌，征服了無數的觀眾，很快就成為當地農民業餘文藝宣傳隊伍中脫穎而出的新秀。

一九七六年，扶餘縣政府組成民工團去查爾森水庫工地，嗓音、身段、扮相俱佳的高秀敏，被民工團副政委孫英勤選中，並成為民工團業餘宣傳隊的台柱。孫副政委非常愛惜人才，查爾森水庫竣工後，他將高秀敏推薦給扶餘煉油廠（今松原煉油廠），加入該廠的業餘宣傳隊，使高秀敏在邁進藝術大門的道路上又上了一個新的台階。頻頻的社會演出亮相，高秀敏的演唱得到越來越多的誇獎與讚賞。由於她模仿郭蘭英的聲腔特別像，都稱她是「小郭蘭英」。一九八二年，因其藝術天賦的顯露，被扶餘縣民間藝術團團長楊柏森慧眼識珠選調進民間藝術團。

加入專業演出團體後，她勤學苦練，還拜吉林省著名二人轉表演藝術家關長榮為師，對「彩旦」表演日臻成熟，並形成了自己獨到的表演藝術風格，很快成為團

▲ 高秀敏

裡的領銜主演。民藝團每年要演出二百多場，常年在外演出，拋家舍業，年復一年，她卻無怨無悔，始終堅持在演出第一線。她主演的拉場戲《馬前潑水》《三賢勸母》《濟公新傳》《孫成打酒》《換親記》等都在觀眾心中留下了難以磨滅的印象。一九八五年、一九八六年她主演的《孫成打酒》《濟公新傳》，分獲省二人轉會演劇目表演一等獎。省裡請她去錄製盒帶，高秀敏在東北三省演藝界也名聲大振，多次參加小品演出，成了聞名省內的「名角」。

扶餘籍著名劇作家何慶奎對高秀敏的演唱技藝格外欣賞，按高秀敏演出風格創作了許多膾炙人口的拉場戲、小品等節目。小品《包袱》（高秀敏與武樹星合演）在深圳全國首屆電視小品大賽上一舉奪魁。接下來，她主演的小品《密碼》獲一九九四年春節聯歡晚會三等獎；小品《柳暗花明》獲一九九七年春節聯歡晚會三等獎；小品《拜年》獲一九九八年春節聯歡晚會二等獎；小品《將心比心》獲一九九九年春節聯歡晚會三等獎；小品《賣拐》（與趙本山、范偉合作演出）獲二〇〇一年春節聯歡晚會一等獎。在中央電視檯曆年春節聯歡晚會小品表演角逐中，高秀敏技壓群芳，贏得了全國著名「女笑星」的桂冠。

與此同時，高秀敏還拍廣告，也參加各種商業演出，並參加中央電視台心連心藝術團到各地演出，又在影視界大顯身手，曾主演多部現代農村題材的電視劇，先後成功地在《農家十二月》《劉老根兒》《聖水湖畔》《水兵俱樂部》《一鄉之長》《夜深人不靜》《晚霞不是夢》《月牙溝》《金色海灣》《黑土地、黃棉襖》等電視劇中，塑造了一個個令人難忘的感人藝術形象。正如有人為她總結的，高秀敏是「風風火火闖九州，勤勤懇懇做強人」。高秀敏在藝術創作上不僅拾級而上，在表演的殿堂裡也達到了爐火純青的境地。

二〇〇五年八月十八日，高秀敏因心臟病突發病逝，時年四十六歲。

書法美術界

百森

　　百森（1890年至1993年），滿族，正藍旗人，滿姓唐文哈拉，滿名豐隆阿。生於伯都訥新城（今松原市寧江區江北城區）。百森一出生，即享受清朝正統旗人的俸祿，成人後被編伍為披甲雲騎尉（武爵名稱，正品五銜），俗稱「頭佐」。但他實際上從未參加過任何軍事活動。

　　百森幼讀私塾，頗有漢文功底，喜歡閱覽古典文學。百森習畫，先是自學，沒有師教，多摹書畫封面、圖片等，後來不斷地購買各種畫冊，如《芥子園畫譜》《點石齋畫譜》《八大山人畫冊》和顏、柳、歐、蘇等名人碑帖。由於他不倦地刻苦自學，書法繪畫的技法也越來越成熟。每逢春節他畫的年畫，紮做的各樣風箏等，都很受群眾的歡迎，名氣也越來越大。在二十歲時，當時縣裡最有名氣的畫師陸化國看見了他的畫、字和紮製的工藝品，很是賞識，主動到家收他為徒。從此，他專心學習，繪畫技法在原基礎上提高了很多，又學會了繪製壁畫、描金粉彩等全面的廟宇裝飾技術。

　　中華民國成立後，八旗子弟沒有了朝廷的俸祿，多數家境日趨衰落。而百森由於掌握了寺廟的各種繪畫技術，常隨師傅到吉林、肇源、雙城、哈爾濱等地做廟活，家庭生活尚可以維持。

　　東北淪陷後，時局緊張，廟活極少，只能給主要的商號鋪面畫些牌匾等，先後繪製了「德順昌」「和興隆」「永盛福」等不少牌匾。

　　一九四四年春，百森被抓做勞工，臨走時家中還扔下幾塊牌匾沒有畫完，後由夫人接著完成。夫人也是八旗人，姓肇，正黃旗，滿姓為愛新覺羅，唸過幾年私塾，受百森的熏染也能寫字描畫。東北光復後，百森終於與家人團聚。

　　新中國成立後，百森被黨和政府邀請為縣政協委員，隨著思想覺悟的不斷

提高，他主動地為社會服務，引起黨和政府的重視，縣裡的各種大會，如慰問大會、勞模大會、展覽會都有他的字和畫。這期間他的繪畫作品還多次參加過省、地、縣級展覽，並不乏獲獎作品。

二十世紀五〇年代初，百森與中國當代著名畫家王慶淮相識，並結為至交。兩位畫師，一位是大學鑄就的現代學院畫派，一位是民間鑄成的民間藝術畫派，二人經常切磋繪畫技藝，特別是對百森來說，其繪畫後來所以能形成北方畫派風格，與王慶淮「關東畫派」的影響分不開的，他後半生的繪畫技巧和繪畫理論有了很大的昇華。

一九五八年，百森的雕塑作品《降龍》參加了東北三省聯展，極受好評。一九五九年，百森為縣展覽館雕塑毛主席像和《龍盤玉柱》大型雕塑作品。他運用傳統的雕塑技法，細緻地刻畫面部神態，很講究形與神的關係。作品展出後深得好評。

一九六〇年春，百森以民間著名畫師的身分被邀請參加全省老藝人座談會。時年百森年近古稀，但能與年輕同行認真切磋畫藝，交流經驗，處處受到尊敬。

「文革」中，他珍藏多年的古書、古畫譜、畫卷、條幅大多毀壞。「文革」結束後，百森已是耄耋老人了，但精力仍然很充沛，仍能堅持寫字作畫，聊以自慰。

百森從二十歲起從事民間藝術活動，在艱苦辛勤的藝術實踐中，在繼承傳統藝術優秀技法的基礎上，又多有創新，而難能可貴的是形成了獨具民間藝術北派的風格。百森的繪畫，長於山水花鳥。在技法上善用工筆兼寫意，以青綠山水為主，設色清秀，構圖考究，畫面留白多，顯得乾淨、清雅，以突出青綠山水之特點。畫中多用斧劈皴、鮮索皴、亂紫皴、披麻皴等技法，勾皴擦點出近貌，遠山則用米蒂的米點皴渲染或潑墨為之，整幅作品呈現出近則清秀、細膩，遠則粗獷瀟灑、不拘禁，既不失傳統繪畫之雅意，又有清秀奔放的鮮明獨特之北派山水畫的風格。他的花鳥畫，也是多用工筆細緻地刻畫出鳥的動勢與

傳神，用寫意手法處理枝葉及遠景。他作畫時特別講究用筆之法，如畫工筆時，多用中鋒，畫遠景多用側鋒來渲染烘托。他喜畫蘆雁、鷹、龍等。百森作畫很善用墨，運用墨的「五色」焦、濃、墨、淡、淺來表現作品。他的花鳥畫，花枝挺拔秀勁，鳥羽纖細畢露，有很深的傳統繪畫功力。

　　百森的雕塑技藝不墨守成規，在技法上善用衣紋走向、質地粗細薄厚來表現人物的動式和神態。不僅技藝手法嫻熟，而且非常講究人物造型的形神兼備，造型古樸，典雅莊重，不落俗套，形成自己獨特的藝術風格。

　　百森書法以顏體為本，兼收各家之長，擅寫顏體楷書大字，尤以牌匾的斗方大字為上。其字圓潤渾厚，雄健有力。他還很喜歡寫隸書，體出於曹全碑、張遷碑和東海神廟碑。他在書法中非常注重章法的嚴謹，書畫的題跋，落款多用隸書，其書法楷隸兼工。

　　百森所做的民間工藝品技藝高超。他做的龍燈，獅子、竹馬，姿態各異，栩栩如生；他紮製的風箏花樣繁多。在創製中，他在保持傳統風箏造型模式基礎上，往往獨出心裁，刻意創新，如人物風箏著重突出滿族裝束，服飾設計著色，獨具滿族風情；他製作的龍燈，彩繪青蘭、金色為主，有如青花瓷，別具民族特色。一九八五年至一九八七年在市裡舉辦的

▲ 百森山水畫作品

幾次春節風箏賽會中，他紮製的「龍頭蜈蚣」長三十米、共二十五節，獲特等獎，其放飛彔像曾在電視裡播放。

百森為人純樸仁厚，心地善良，為人剛正不阿，從不趨炎附勢，言必信，行必果；尊師重道，品行端正；不飲酒，不吸菸，喜食粗米淡蔬；其一生從無一句污言穢語，言行儀表，堪稱後代的楷模。

百森對子孫提倡孝父母，愛國家，先為國，後為家。他常說：「孝敬父母是天理，熱愛國家是良知」，「什麼是國家？國家兩字寫得明白，就是先有國，後有家。國在家之前。國亡家無，國振家興。」

一九九三年元月，百森逝世，享年一〇四歲。

于志學

于志學（1935年-　），冰雪山水畫創始人，生於吉林省扶餘縣。第九屆全國政協委員、中國美術家協會理事、黑龍江省畫院名譽院長、黑龍江省美協名譽主席、黑龍江省國畫會會長、北京盤古藝術書畫院名譽院長、美國國際傳記協會副理事長、英國劍橋大學國際傳記中心研究員、哈爾濱工業大學兼職教授。現為北京唐風美術館高級顧問，特約藝術家。

1979年作品《塞外曲》榮獲文化部頒發的第五屆全國美展三等獎。1983年被英國倫敦國際出版中心收入《世界名人錄》。1987年獲美國國際傳記研究院授予的金鑰匙獎牌和終生榮譽勛章。1990年作品《杳古清魂》獲美國首屆國際藝術大賽繪畫類一等獎。1992年作品《雪月送糧圖》獲中國美協頒發的金質獎章。1995年獲中國藝術研究院美術研究所頒發的「中國畫學術

▲ 于志學書畫作品

精誠獎」。1997年作品《牧鹿女》獲文化部、中國詩書畫院頒發的「全國中國畫人物畫家畫展」銅獎。1999年作品《北國風光》被中國歷史博物館徵集作為「世紀收藏」。2001年作品《雪漫興安》參加百年中國畫展。2004年被中國藝術研究院授予「黃賓虹獎」。2005年獲柬埔寨文化部「吳哥文化獎」。2006年獲黑龍江首屆「文藝終身成就獎」。2009年獲俄羅斯阿穆爾州政府和阿穆爾州藝術創作協會分別授予的「文化貢獻獎」和「成就獎」證書、勛章。

出版有《于志學畫集》、于志學文集《雪園漫筆》《東方藝術‧于志學專刊》《文化時空‧于志學專刊》《觸類旁通‧冰雪技法》《于志學畫冰雪技法》《冰雪山水畫法》《中國美術家檔案‧于志學卷》以及中外美術理論家撰寫的《冰雪山水畫論》《中國畫黑白體系論》《冰雪藝術美學》《中國名畫家全集‧當代卷‧于志學》等專著。

盧志學

▲ 盧志學

▲ 盧志學作品《霞光》

　　盧志學（1941年- ），生於吉林省扶餘縣，一九六六年畢業於魯迅美術學院中國畫系，著名國畫家，中國美術家協會會員，國家一級美術師、教授、瀋陽書畫院首任院長，瀋陽市文聯副主席，遼寧省美協顧問，遼寧省中國畫研究會副會長，瀋陽市美術家協會名譽主席（歷任瀋陽市美術家協會主席、遼寧省美術家協會副主席等職）、遼寧省高級職稱評委，瀋陽市文史館研究員，瀋陽市百位文藝名家，瀋陽市首批優秀美術家、瀋陽市優秀專家、國家有突出貢獻專家、享受國務院政府特殊津貼。

　　一九九〇年、一九九一年兩度訪問日本參加國際博覽會，舉辦畫展，進行學術交流。一九九七年應馬來西亞邀請在馬來西亞舉辦個人畫展。二〇〇三年十一月在北京中國美術館舉辦個人畫展，國家郵政總局為盧志學畫展特製作首日封和郵資明信片。二〇〇三年人民美術出版社出版《中國當代美術家盧志學畫集》《榮寶齋出版社出版盧志學畫集》，還出版有《盧志學國畫選》《盧志學山水畫集》《盧志學國畫作品精選》等畫集。

張治中

張治中（1942年- ），滿族，出生於吉林省扶餘縣。跟隨王慶淮、曹世誠學習中國畫，並得益於著名的民間畫師百森老先生許多基礎繪畫知識的啟迪。從二十世紀五〇年代末起，就先後有《松江春晚》《松江曉霧》《風雨無阻運糧忙》《句句說在我們心坎上》等國畫作品入選省美展。其中《風雨無阻運糧忙》還被選入「東北三省糧鋼美展」。

2002年退休以後，為圓童年的繪畫夢想，張治中重新拿起畫筆，到中國美術研究院中國畫高級研修班進修，師從龍瑞先生，專修國畫山水畫。2003年8月，《松江煙柳》《家住太行朝陽溝》參加美術研究院「中國畫名家班、高研班聯展」，其中，《松江煙柳》獲優秀創作獎。

為了給自己一個好的創作環境，張治中舉家遷往北京通州區後，創作熱情得到了空前釋放，僅2004年一年，就創作了《蝙蝠山曉霧》等十六幅作品。此後，新作品接踵問世。2005年以後，先後有國畫新作《幽谷清音》入選「第六屆全國『民族百花獎』美展」，獲優秀獎；《林蔭深處魚滿塘》入選「紀念陳雲同志百年誕辰畫展」；《溪峽雲煙》入選「第三屆當代中國文人書畫藝術北京邀請展」，獲金獎；《陽氣動林梢》入選全國書畫大展，獲銀獎；《沐浴朝霞》入選「首屆楹聯杯國際書畫大展」，獲一等獎；《侗寨晨曲》入選「紀念中日友好三十五週年中日書畫交流展」；《凝望》入選在日本東京舉辦的「中日友好藝術交流」，並被日方銀座美術館收藏；丈二幅《王屋山雲海》入選「慶祝建國六十週年名家書畫邀請展」，並被蘇州美術館收藏；《凝思》入選在加拿大舉辦的「世界華人書畫大展」；《吉祥三寶》入選「中國畫虎百家作品展」，獲金獎。

自2005年以來，張治中還有《太行峽谷》《幽谷清音》《飄然塵世外》等多幅作品入編《榮寶齋2005年第四回清賞雅集》《當代中國美術（當代中國畫卷）》《丹青典藏》畫典等美術出版物和發表在《中國書畫報》上。

宗德勤

宗德勤（1943年- ），出生於吉林省扶餘縣，曾擔任美術教師、部隊美工員，退役後一直從事包裝裝潢設計工作。他自幼酷愛藝術，在讀初中時曾受王慶淮老師的指導，美術創作初露鋒芒。

▲ 宗德勤書法作品

為提高自身素養，他堅持自學，讀完了中國包裝裝潢函授大學，獲得中國書畫函授大學中國畫和書法專業畢業證、中國電大英語專業結業證。現任吉林省包裝裝潢協會會員，市書協、美協會員，松原國畫會會員，寧江區美術家協會會員，中級工藝美術師。其美術、書法作品曾多次在省、市級報刊上發表，並多有獲獎，有的作品被省級圖書館收藏。

退休後，為進一步追求藝術真諦，他深居簡出，潛心從事繪畫、書法的研究和創作。專攻中國畫寫意山水，作品既有江南派的秀麗清新恬靜，又不失北疆的豪放抒情，其作品以描繪松花江景物及家鄉風土人情為主，抒發了對家鄉深深的愛；在書法研習中主攻隸楷，學隸書時數遍摹寫曹全、乙瑛、張猛龍、石門頌等碑帖，練楷行書時偏愛歐陽詢、文徵明，多年的耕耘形成了他那秀美、俊朗的書法風格。

宗德勤在藝術的殿堂裡涉足廣泛，除了書畫外，對工藝美術、古典文學、音樂、攝影等有著濃厚的興趣。

于泮江

　　于泮江（1945年- ），生於吉林省扶餘縣。一九八七年畢業於中國書畫函授大學書法系。中國現代書畫篆刻家協會理事，中國書畫家金庭王羲之聯合會、王羲之研究會理事，中國現代硬筆書法協會理事，吉林省書法家協會會員，松原市書法家協會常務理事，現任寧江區書法家協會主席、寧江區老年詩書畫研究會副會長。

　　他的作品多次在國家、省、市大賽上展出和獲獎。一九九三年獲世界金鵝獎書法大賽銅鵝獎、吉林白城地區書法展一等獎、中國東峰碑林書法大賽三等獎、中國藝術界名人作品展示會系列大展銀鼎獎、一九九八年中國工會成立七〇週年書畫大展賽榮獲一等獎、一九九九年第三屆世界金鵝獎書畫大賽書法銅獎、一九九九年國際老人年世紀名家

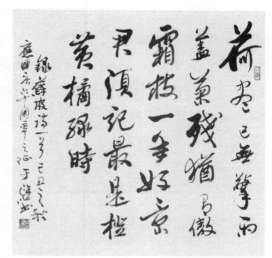

▲ 于泮江書法作品

書畫大展入展並獲創作金牌獎。作品曾被各地館所收藏，更有多幅作品被省、市領導餽贈外國友人。他有多幅書法作品被收入《全國毛澤東詩詞作品集》《中國當代藝術界名人彔》《中國現代書畫家作品集》《二十世紀中韓書法家作品精賞》《當代華人大師藝品精粹》《世界書畫精品大觀》等三十餘部權威典籍之中。

百強

百強（1946年- ），滿族，生於吉林省扶餘縣。現為中國少數民族美術促進會會員、吉林省美術家協會會員。

百強的繪畫長於中國畫山水，也兼習花鳥、人物。他的國畫山水畫有著深厚的傳統功力，筆墨酣暢、渾厚華滋，既有傳統又有個性，形成氣象蕭疏、勢狀雄強的風格。

自二十世紀八〇年代起，他的創作佳品頗豐，連連參加各級美展，並多有獲獎作品。國畫《春江》《秋山蘊秀》連獲市級美術作品展一、二等獎；《鐵骨錚錚》《百溪歸流》入選吉林省迎香港回歸、建國五十週年美術作品展；《眼暈潤蒼山》《鐵嶺清潤》分獲文化部、中國美協優秀獎、「民族百花獎」銅獎；《深山溪流》獲全國第三屆「中日友好書畫交流展」優秀作品獎；他曾攜作品《溪山春曉》《雲起山鄉》赴日本東京中心美術館參加「中日友好書畫交流」展並入編畫冊。

▲ 百強畫作《歐李貢》

▲ 百強畫作《鐵嶺清潤》

劉長順

劉長順（1947年- ），生於吉林省扶餘
縣。吉林省科普美術家協會會員，寧江區美術
家協會副主席。1979年其美術作品《松濤》參
加白城地區美術作品展覽，獲一等獎；1981年
剪紙作品《藥花》參加吉林省第二屆科普美術
作品展覽，獲二等獎；1981年至1983年被《吉
林日報》連續三年評為優秀通訊員；1987年剪
紙作品《致富之路》被白城地區美術家協會授
予特別榮譽獎；1988年剪紙作品《牧羊》參加

▲ 劉長順

赴加拿大等國巡迴展覽；1999年剪紙作品《鄉情》參加松原市慶祝建國五十週
年美術作品展覽獲得一等獎；2000年至2002年國畫作品參加松原建市十週年美
展和建黨八十週年美展，獲特別榮譽獎。

▲ 劉長順作品《紅邊牧趣》

李景奎

李景奎（1955年-　），生于吉林省扶餘縣，現為中國民間文藝家協會、吉林省民間文藝家協會會員，松原市民間文藝家協會理事。多年的藝術磨煉，使他在書法、美術、音樂各方面都有頗深的造詣。

多年來，李景奎成功地創作出六十餘件俱以鞋塑為代表的有觀賞價值和收藏價值的藝術作品。一九九九年，他創作的鞋塑作品《老外》及「垃圾藝術」系列作品獲松原市首屆藝術節一等獎；二〇〇二年，其作品參加長春市首屆民間藝術博覽會，吉林衛視《找你》《玩轉地球村》專欄進行專題報導；同年參加市首屆民間藝術博覽會，獲特別獎；二〇〇三年九月，接受中國十大新聞媒體採訪，《中國新聞週刊》《中國工人日報》《中國青年報》《中國美術報》等多家媒體專題報導，十月，其作品參加全市民間藝術博覽會，獲特別獎。2012年，魚骨畫《避邪》獲吉林省旅遊產品設計大賽二等獎。

他的藝術成就曾得到中國工藝美術展覽部主任王山、中國美術館民間美術部主任何漢卿研究員及中國民間藝術家協會黨組書記白庚勝等專家領導的肯定。

▲ 李景奎鞋塑作品「二龍戲珠」

▲ 李景奎鞋塑作品「麒麟」

耿明

　　耿明（1956年-　　），出生於吉林省扶餘縣，畢業於白城地區通榆師範美術專業，現為吉林省松原市實驗高中美術教師，松原市政協委員。中國書畫研究會會員，吉林省美術家協會會員，吉林省書法家協會會員，松原市書法家協會理事，寧江區老年詩書畫研究會會員。

　　耿明的書畫作品曾多次參加國內外大展，部分作品獲獎。著名書法家姚俊卿評價說：「耿明書法，功力深厚，特色鮮明。」范曾亦為其書畫展欣然題名。楹聯「嘔心瀝血唱一曲陽春白雪　滋蘭樹蕙染百年綠嶺金秋」獲吉林省萬聯書法大賽一等獎。書法作品多次被日本、韓國、英國、法國、澳大利亞、新西蘭等國家人士收藏。其中書法作品《心田裝天下，家風炳千秋》被香港著名慈善家田家炳先生收藏；作品《同一個世界，同一個夢想》《五洲潤澤》分別

▲ 耿明作品《油海流金》

被英國、法國友人收藏；作品《櫻花情》作為中日友好交流主要禮品餽贈給日本友人；作品《軍威》被某預備役高炮旅收藏。部分書法題字被多所學校、企事業機構、景區及建築物採納並刻石鑄字，如松原「共濟橋」，長春「關東園」，四川「中國鰲江漂流」「水怡園」等。

美術作品《陽光》在全國教師美術作品大賽上獲專業組二等獎；國畫《雪韻龍華》獲松原市美術作品大賽一等獎；國畫《跨江穿雲》獲松原市美術作品大賽一等獎。國畫《輕舟已過萬重山》被中國駐韓國大使收藏。在吉林省為慶祝建國六十週年舉辦的美術、書法、攝影大賽中，國畫《哈達飛瀑》獲優秀獎。

他的書畫作品分別收入多部書畫專輯。其作品《凌雲健筆》被收入《菁英薈萃》書法專集；二〇〇二年松原市建市十週年之際，成功舉辦個人書畫展，反響良好。《驚濤》收於紀念新中國成立六十週年《松原市書法作品集》；二〇一二年松原市建市二十週年之際，《松原日報》專版刊登《耿明頌松原楹聯書法集錦》《印象松原——耿明彩墨繪松原十景》。

吉林人民廣播電台、吉林電視台、吉林日報、中國書畫報、松原日報等媒體分別以《耿耿丹青照眼明》《山高哪礙野雲飛》《墨瀝猶聽瀑瀉聲》《胸中山岳、筆底雲煙》等為題對其進行報導。

劉國才

劉國才（1963年- ），號清月齋主人，生於吉林省扶餘縣。吉林省書法家協會會員，松原市書法家協會理事，松原市書法院副院長，松原市硬筆書法家協會副主席，寧江區文聯副主席。劉國才初以唐楷顏柳築基，繼學行草，以張旭、懷素為主。

他的書法作品曾獲紀念雷鋒誕辰六十週年全國書法大賽銀獎，第二屆避暑山莊杯全國書法大賽銀獎，兩次獲得松原市哈達山文藝獎優秀獎。作品入選東北亞國際博覽會書畫攝影展、慶祝中華人民共和國成立五十一週年吉林省書畫作品展、吉林省黨政幹部千人書法展、吉林省首屆臨帖展。作品《迎春》在中央電視台書畫頻道迎春書畫展專業組展播，有五十餘幅作品散見於各類專業書籍及報刊。

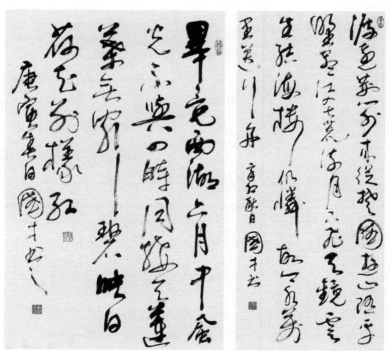

▲ 劉國才書法作品　　　　　　　▲ 劉國才書法作品

王春波

　　王春波（1964年-　　），筆名越恆，生於吉林省扶餘縣。中國石油書法家協會理事、吉林省書法家協會會員、寧江區書法家協會副主席。王春波自幼酷愛書法，初學「顏柳」，繼學孫過庭《書譜》、于右任書法、王羲之《聖教序》、漢《曹全碑》《張遷碑》以及北魏墓誌多種。

▲ 王春波書法作品

　　其書法作品先後參加中國空軍書法比賽（獲二等獎，北京軍事博物館展出）、吉林省首屆青年書法展、第二屆吉林省青年書法精品展、吉林省慶祝建國五十週年書法大展、吉林省第一和第二屆臨帖展、中國石油書法系列大展。有作品入選《中國石油第三屆文化大賽作品集》；在「三元杯」全國石油書法大賽中獲優秀獎；在《青少年書法報》舉辦的全國書法教師命題擂台比賽中獲三等獎。在從事軟筆書法的同時，他還兼顧硬筆書法創作，在全國硬筆書法大賽中他多次獲二、三等獎；一九九二年四月出版《安徒生童話行楷鋼筆字帖》。

　　他利用業餘時間一直從事書法教學工作十餘年，為寧江區培養了大批書法後備人才。先後有百餘人次在全國少兒書法大賽中獲一、二、三等獎並入選作品集；有五人作品入選全國石油少兒書法精品集；有八人參加吉林省首屆少兒書法大獎賽（獲銀獎1名，銅獎2名，優秀獎5名）；他的學生參加松原市「康華杯」少兒書法擂台賽，獲得唯一的特等獎。

曲慶波

曲慶波（1968年- ），生於吉林省扶餘縣。現為中國書法家協會會員、中國書畫家聯誼會會員，松原市政協委員、書法家協會副主席、美術家協會理事，寧江區書法家協會副主席兼秘書長。

他自幼受爺爺影響，喜愛寫字繪畫，隨著年齡的增長，寫字繪畫竟成了他最大的業餘愛好，每天做完功課，大部分時間都用在素描連環畫冊上。一九八八年他以優異的成績考入白城地區安廣師範學校，在那裡他遇到了著名的書畫家白純中。白純中對藝術的忘我追求精神和精湛的書畫造詣深深地影響了他，也正是從那時起他才真正開始了自己的藝術人生。在白純中的悉心指導下，他如魚得水，書藝精進。書法方面，他在臨摹顏真卿、柳公權、王羲之、王獻之書法的基礎上，草書學米芾的《苕溪詩》，隸書學《張遷碑》《曹全碑》。長期的苦練使他形成了飄逸清秀的書法風格。繪畫方面，他追求貼近生活、貼近自然的田園情趣。孫其峰的花鳥、白雪山的山水、黃冑的《驢》都成了他繪畫的佐料。在他的筆下，既有雲霧迷濛的含蓄、又有南方水鄉的雅緻，他用自己渴求藝術真諦的心靈與大自然對語，盡情抒發自己的人生感悟。

二十多年來，他一直不斷地學習和創作，把自己的藝術靈性盡情發揮，創作出一批又一批藝術精品。他的書畫作品獲全國「神內杯」書法大賽銀獎、吉林省首屆臨帖（碑）書法展金獎、吉林省紀念改革開放三十週年書法大展二等獎、吉林省黨政幹部千人書法展金獎、吉林省糧食集團成立五週年書畫展二等獎、松原市建市十週年書法展金獎、松原市「郵電杯」美術作品一等獎。並有作品入選吉林省世紀書法大展、吉林省青年書法家作品展、鄧小平一百週年誕辰大型書畫邀請展、全國第四屆正書大展、全國第二屆扇面書法展、慶祝中華人民共和國成立五十一週年吉林省書法作品展覽、全國第四屆當代書畫家作品邀請展和第六屆亞洲藝術節書法精品展。作品入編《中國書畫藝術博覽》等書，並多次在《中國書法報》《青少年書法報》《中國書畫報》《吉林日報》發表。

戲劇界

孫麗清

　　孫麗清（1941年-　），出生於吉林省扶餘縣，國家一級導演，享受國務院特殊貢獻津貼。一九六〇年新城戲創始至今執導了《鐵血女真》《洪皓》《紅羅女》《繡花女》等一系列滿族戲劇。其中《鐵血女真》榮獲第三屆文華獎，「五個一工程」獎，個人獲文華導演獎。《洪皓》獲「五個一工程」獎，少數民族金孔雀大獎和第二屆少數民族金獎第一名，個人兩次獲優秀導演獎和舞蹈設計獎。導演的吉劇《大布蘇》獲首屆文華獎，個人獲導演金獎。導演的上黨梆子《初定中原》獲第九屆文華新劇目獎，個人獲文華導演獎。導演的京劇《三關明月》和評劇《香妃與乾隆》獲文化部頒發的優秀劇目獎和優秀導演獎。導演的吉劇《貴妃還鄉》在第三屆少數民族戲劇會演中榮獲「劇目金獎」等多項大獎。二〇一一年榮獲第十屆吉林省長白山文藝獎成就獎。

▲《洪皓》劇照

徐桂芬

　　徐桂芬（1942年-　），出生於吉林省扶餘縣。一九五九年於吉林省藝術學校音樂系畢業，被分配到原扶餘縣評劇團樂隊工作，在創辦新劇種新城戲的第一個劇目《劍帕緣》的排練和演出中付出了艱辛的勞動。「文革」期間，被調離文藝界。一九七九年她被安排到縣文化館文藝輔導組，開始接觸二人轉藝術，並為全縣城鄉業餘文化活動做出了很大的貢獻。一九八四年她被調到縣民藝團做專業二人轉導演，到一九九四年止，她導演了三十多個創作劇目，並參加省、地、市乃至全國的二人轉會演。代表作主要有二人轉《誰娶誰》，獲省二人轉會演綜合藝術一等獎；拉場戲《找驢》，獲全省二人轉會演綜合藝術二等獎；二人轉《美人樓》，獲省二人轉會演綜合藝術二等獎；拉場戲《送禮》，獲省二人轉會演綜合藝術二等獎；二人轉《鬧婚》，獲省二人轉會演導演一等獎、綜合藝術一等獎，並參加首屆全國二人轉會演，獲優秀劇目獎和綜合藝術優秀獎；二人轉《寶玉票戲》，獲省二人轉會演一等獎；拉場戲《二姑爺拜壽》，獲省二人轉會演綜合藝術一等獎，並參加了全國二人轉會演。

　　孫麗清在民藝團工作期間，共輔導過四期演員，其中高秀敏後來成為全國著名影視明星、笑星；唐維被評為全省四大名丑、國家一級演員；姚義輝、張波成為深受觀眾喜愛的優秀演員；孫淑梅成為黑龍江省龍江劇院國家二級演員。一九九四年退休後，她仍時時關注民藝團的發展，二〇〇一年她被返聘回民藝團做第四期學員的老師，精心培育著一批批藝術新蕾，為寧江文化藝術的繁榮餘熱生輝。

唐維

　　唐維（1955年-　），生於吉林省扶餘縣，國家二級演員。

　　從小學到初中，他一直是班級的文娛委員和學校業餘文藝宣傳隊的骨幹，多次參加生產隊、大隊乃至公社普及「樣板戲」的活動。一九七五年唐維隨著民工隊伍來到察爾森水庫。由於他會唱幾段樣板戲，還會表演點兒小節目，被團政治部宣傳隊看中了，於是，他被抽調到宣傳隊成了業餘的專職演員，排演了二人轉《工地風雲》，與二人轉藝術結下了終身之緣。

　　從藝二十多年來，先後十幾次參加省二人轉會演、全國二人轉會演並多次獲獎。代表劇目有：二人轉《誰娶誰》《通天河》《諮詢軼事》《老財主拉磨》，拉場戲《二姑爺拜壽》《找驢》，小品《剪綵》等，並在《戲劇文學》上多次發表作品，兩次獲戲劇文學飛虎獎。一九九八年五月，榮獲省文化廳、省文聯、省二人轉協會聯合授予的「二人轉藝術突出成就獎」。二〇〇〇年在吉林省第十五屆二人轉新劇目推廣會上，與黎豔云合演的《山村婚事》獲表演一等獎，他本人被評為省四大名丑之一。二〇〇二年，他在省首屆二人轉藝術節上表演了二人轉小品《好人難當》，獲得個人表演一等獎、創作二等獎。

▲ 唐維（右）演出劇照

劉海波

劉海波（1963年-　），出生於吉林省扶餘縣。曾任扶餘縣新城戲劇團演員、團長。中國戲劇家協會會員。一九七八年，他演出《沙家濱》塑造的郭建光形象生動感人，一舉成名，免試進入新城戲劇團。一九八九年在歷史劇《皇帝出家》中扮演男主角，在吉林省首屆藝術節會演中獲表演三等獎。一九九一年排練《鐵血女真》時，他先是演一個只有兩場戲的配角，他練得一絲不苟；後來，專家認為他的氣質、條件更適合演主角，便進行了調換。一個多月下來，他體重下降了

▲ 劉海波在《鐵血女真》中的劇照

▲ 劉海波在《皇帝出家》中的劇照

▲ 劉海波在《大金始祖》中的劇照

十五斤。劇中有一場：阿骨打的妻子烏古倫被天祚帝搶去並生一子，當小王子百日時，阿骨打要前去朝賀。怎樣才能把阿骨打此時屈辱、痛苦和憤恨的心情表達出來？導演決定採用舞蹈的形式。舞蹈是海波的弱項。為了準確地把握人物心理，真實而生動地表現人物的內在精神，他白天摸爬滾打，晚上凝神揣摩，可是有幾個動作始終不如人意。也許是冥思苦想之後的「頓悟」，也許是精誠所至感動了上蒼，在一次睡夢中，鷹神（鷹是滿族人崇拜的圖騰）那凌空展翅的壯美舞姿一下子開啟了他的靈智，多少天來一直困擾他的那幾個動作竟然和諧自如地完成了。這段由劉海波命名的「鷹神薩滿舞」在藝術上收到了「此時無聲勝有聲」的效果，成為整部戲的戲眼、戲魂，準確地表達了阿骨打這個英雄的神韻，勾畫出了女真民族的精魂。二十年的艱苦磨難，終於換來了豐實的收穫，他主演的《鐵血女真》一舉奪得了中國戲劇界的兩個最高獎——「文華獎」和「梅花獎」，他本人享受國務院頒發的特殊崗位津貼。一部《鐵血女真》使他一舉成名，成為三十年間，吉林省七名獲得梅花表演獎殊榮的藝術家之一。

第四章————

文化景址

伯都訥地方歷史悠久，地上地下文化遺存豐厚。從史前的古動物化石到渤海、遼金遺物，從陶瓷器皿、金屬器物到書畫、玉器、碑刻，琳瑯滿目，美不勝收；境內發現的古遺址、古城址、古墓葬，為這裡的山山水水增加了厚重的文化內涵；伯都訥地方共有古蹟有六十餘處，其中屬於遼、金時期的就有三十餘處。這裡以文化古蹟為主要內容的旅遊資源的發現開發，更增添了伯都訥遼金故里的文化魅力。

館藏文物

古動物化石

一九五九年出土於五家站鎮東松花江二級台地上的沙崗中，南距松花江二公里，為群眾挖沙時發現。吉林省博物館曾派人來現場調查。據群眾講，這一帶連續出土過四個個體猛獁象化石，其中一具骨骼較全。但多已散失。猛獁象生存的第四紀更新世晚期，距今二萬餘年，和舊石器晚期人類共存，是生活在氣候寒冷的北方地區的巨型草食動物，到全新世（距今1萬年）完全絕跡。

一九八二年五月，在寧江區北郊小窯屯出土一塊披毛犀上頜骨化石。為築路挖土時發現於黃土層內，保存完好。

石器

一九八二年，在扶餘市境內更新鄉孟家崴子、小房身、平房店、李家崴子等四處古遺址中，出土四具石臼；大林子鄉韮菜砬子村大砬子古遺址內出土一具石臼和一具石磨。據考證，係金代遺物，對研究女真人社會生活具有一定價值。

印信

新中國成立以後在寧江區先後出土漢代四角王印，金代上京隆安勸農副使印、利涉縣印，元代都提舉朱記印等古代印信，現分別收藏在吉林省、白城市和扶餘市博物館。

陶、瓷器

▲ 三彩大碗

在寧江區相繼出土屬於漢書二期的珍貴文物紅衣陶壺、遼代三彩葡萄紋扁壺、金代龍泉青釉帶座琮式瓶、明代龍泉青釉瓷盤等一批陶瓷器，分別保管在吉林省博物館、吉林省文物隊、白城地區博物館和扶餘市博物館。

金屬器物

在寧江區相繼出土金代金扣玉帶、千手觀音銅牌、六耳鐵鍋，元代銅玉壺春瓶等一批金屬器物，分別由吉林省、白城市和扶餘市博物館收藏。

▲ 海獸葡萄銅鏡

▲ 遼金六耳鐵鍋

古跡

老方家遺址

老方家遺址在華僑農場場部駐地（馬家店）西南〇點六公里熊家亮泡南端東側台地上，該遺址範圍，南北長二二〇米，東西寬七十米，整個遺址面積為二八〇〇〇平方米，均是耕地。地表散布大量原始文化遺物和遼、金、明、清時代的遺物。有些地方因農田建設或自然造成而暴露出大片紅燒土層。原始文化遺物主要有陶器、骨器等。陶質可分為類砂褐陶和泥質褐陶兩種，前者較多。陶色多成紅褐色、黃褐色，也有灰褐、黑褐色。夾砂褐陶主要製作鬲、鼎、盆、罐等較大器物，器表或足部多飾繩紋。泥質褐陶多用於製作碗、缸、缽、杯等小器物，表面打磨光滑。三足器鬲的數量較多，鼎極為少見。遺址內還見有陶紡輪、器座、骨錐、綠松石扁墜、兒童玩具小陶魚等。遼、金、明、清的遺物主要是輪製的泥質陶片、瓷器殘片、料珠飾物、銅錢等。

老方家遺址的內涵，由於沒有發掘，所以難以做出準確的推斷。僅據調查和採集標本來看，此遺址的原始文化應屬「漢書文化」類型。一九七四年，吉林省博物館考古隊和吉林大學歷史系考古專業師生在大安縣月亮泡附近的漢書大隊發掘了一處原始文化遺址。根據地層關係把遺址分成上下兩個不同的文化層，其下層文化遺存定名為「漢書一期文化」，上層定名為「漢書二期文化」。經碳14測

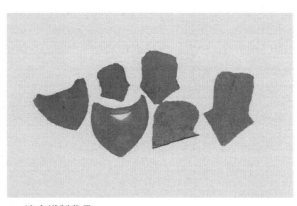

▲ 遼金鐵製農具

定，「漢書一期文化」相當於商周時期（西元前16世紀至西元前456年），「漢書二期文化」相當於戰國至漢（西元前456年至西元前206年）。根據上述器物方面的推斷，老方家遺址的年代應比「漢書二期文化」更早一些。而與「漢書一期文化」相比，其時間應略微晚一些。可能是漢書一、二期文化的過渡性文化類型。

長崗子遺址

長崗子遺址位於伯都鄉伯都村西北三公里處的松花江支流馬場溝子河南岸，東距新民鄉新立村二百米；東南距伯都村的台地坎三公里；遺址坐落在東西走向的小漫崗子上，四面是開闊的松花江河灘平地。據當地群眾講：幾十年前，這裡是一片沼澤地，水大就一片汪洋。新中國成立後，國家修築了防洪堤，從此消除了水患，這片土地變成了肥田沃野。

遺址以漫崗為中心，東西長二三〇米，南北寬一百米，整個遺址均為耕地。但在地表還能見到大量的「漢書二期文化」類型的陶片，如泥質紅褐陶、夾砂紅褐陶、紅衣陶等，也有不少遼、金時代的遺物。

遺址是一九五八年文物普查時發現的，一九六〇年列入省級重點文物保護單位。此後，白城地區文物普查隊、吉林省博物館、吉林大學歷史系等單位先後派人做過調查。一九七四年四月，吉林大學考古專業組織的考古調查組，對此遺址進行了試掘，共開了兩條一米乘十米的探溝（見殷德明《黑龍江省古蹟與歷史沿革概述》），試掘中地層堆積和遺物表明，長崗子遺址是被遼金時期地層壓著的一種比較單純的「漢書二期文化」類型的原始文化遺存。

遺址的陶器，以泥質紅褐陶為最多。器形有鬲、鼎、罐、缽、碗、杯、船形器、器蓋、支座等。紋飾以繩文和各種印壓紋為主，刻畫紋和椎刺紋則少見。泥質紅衣陶數量也較多，陶質與泥質紅褐陶相同，飾紅彩、有紋飾的較少見。器耳多橋狀、環狀，而舌狀、獸足狀耳較少見。陶器均為手製，多採用泥圈疊築法。大型器多是分段製造，再結合成整器。小型器皿則用手捏成。陶土

未經淘洗，火候不夠，不甚堅硬。生產工具為石器、蚌器、陶器等。石器很少見，僅見少量石斧、環狀石器等。陶紡輪有扁圓形、算盤珠型、鏡頭型以及球型等。網墜的上部飾有交叉凹槽，底部有一道深凹槽。還見有一定數量的兒童玩具，如雞、豬、馬一類泥塑及仿實用器皿形成的鼎、杯一類小陶器。兒童玩具的出現，生動地反映了當時社會經濟狀況和意識形態的一個側面。它說明當時人們普遍飼養豬、馬、雞等家禽、家畜，喜歡用鼎、杯等生活用具；同時也說明，由於生產發展和生活穩定，人們已有了審美觀點和自己的藝術愛好。遼、金時期的遺物有泥質灰陶片、灰色布紋磚塊、瓷片及北宋銅錢（皇宋通寶、天聖元寶、嘉祐元寶、熙寧元寶等）。

不同時代的文化堆積說明，這個遺址是一個經歷較長時間固定生活的村落。大量的魚骨、蚌殼以及動物泥塑、馬骨及其他獸骨的出現，反映了在這個村落居民的經濟生活中，畜牧業和漁業還占相當比重。根據上述這些文化特點推斷，長崗子遺址屬於「漢書二期文化」類型，即青銅文化時期。其年代相當於戰國至漢、遼、金時期，契丹和女真族也在此居住。關於「漢書二期文化」類型的族屬問題，目前學術界有人認為應是古代扶餘族的先世。

另外，還有屬於「漢書文化二期」的熊家亮遺址、屬於遼金時期的後十五里崗子遺址等古遺址五十三處。

境內已發現的古城址有十七處，其中最大的為伯都古城。

伯都古城

伯都古城位於寧江區城北12.5公里的伯都鄉所在地東南200米處，地勢較為平坦。古城東、南、西是平原，東北部有東南——西北走向的漫崗。古城西距松花江4公里，城西240米是寧江——伯都公路。古城呈方形，方向355°，夯土版築，城牆周長3米至132米，牆高2米至3.5米，上寬3米至4米，基寬14米至16米。東牆709米，南牆797米，西牆812米，北牆814米。城牆保存不夠完好，有幾處被取土破壞或墾為耕地。有4座城門，西、北門各寬9米，東、南門

各寬8米，各門均有甕城。西、北、東三甕城保存較好。城牆有19個馬面明顯殘存，馬面間距60米至80米，每個寬10米至13米，伸出長度為12米至15米。東南角樓保存較好，高3.5米，從城角中心向外伸出15米至17米。城內現存土台四座，其中最大的一處略呈方形，各面長62米，台高3米，台表面散布有大量的灰色方形和長方形磚塊，布紋瓦片，蓮瓣紋瓦當和陶瓷殘片等，據反映這裡曾出土有小銅佛。另三處土台較小，分布於大土台之東北、東南、正南，距大土台約20米。西牆外187米有一方

▲ 伯都古城遺址

▲ 伯都古城遺址

形土台，破壞嚴重，當地俗稱「點將台」。城內地表散布磚瓦殘塊及陶瓷殘片。1963年城內曾出土一件千手觀音銅牌，長方形，正面為觀音菩薩浮雕像，背面陰刻韋馱像。又曾出土銅錢四十餘公斤，有「半兩」「五銖」及北宋錢；1967年城西牆外曾出土「五銖」「貨泉」「開元通寶」「景德元寶」「皇室通寶」等銅錢五公斤多。

該城為區內規模最大的古城，屬遼金時期。有考古學者認為，此城為遼代寧江州舊址。

另外十六處古城址主要有石頭城子古城、小城子古城、楊家古城、隆科古城和夾津溝子古城等。

境內已發現古墓葬共九處，其中馬家店古墓葬時間最久，屬於「漢書文化二期」（戰國至漢），其他還有西山屯古墓葬、劉家坨子古墓葬、團結古墓葬等，多為遼、金時期。出土墓葬品較多的是西山屯金墓，出土文物主要有鐵斧、鐵鉗、鐵錘、鐵鍋、鐵刀、木桿鐵箭、鐵鉤等生產工具、武器和生活用具，還有「開元通寶」銅錢一枚、金扣玉帶一對、金環及金裝飾品各一件。

馬家店古墓

馬家店古墓在寧江區北21公里處的華僑農場部所在地漫崗西北部（俗稱馬家店崗子），西距雄家亮遺址0.5公里，西南距老方家地遺址0.6公里。此漫崗上有兩條東西向沙土土崗，古墓葬就在北崗的西端。

1964年吉林省博物館曾對此做過調查。1982年，全省編寫《文物志》試點培訓班文物普查中，初步確認為古墓區。墓區範圍，東西250米，南北200米，古墓多已遭到破壞，由於多年在此取用沙土，墓區大部分變成沙坑，在沙坑中見到少量繩紋及壓印紋陶片，陶鼎足、陶耳、陶器口沿等。在一處取土斷面上發現一墓葬，並做了簡單清理。此墓為坑豎穴墓，只剩北側一部分，墓中僅存在右腿骨。從斷面上測定，耕地層為0.2米，其下為沙土層，墓坑距地表約0.3米，東西向70°，墓口長2米，墓底1.9米，人骨頭東腳西，仰身直肢葬，無葬具，也沒發現隨葬品。根據此地文化遺物推斷，該墓區採集的遺物與熊家亮遺址的遺物相似，亦應屬於「漢書二期文化」類型。由於從地理位置上墓葬區離熊家亮遺址只有0.5公里，據當地群眾反映曾挖出許多人骨，可能是與熊家亮遺址有關的原始居民墓地。

1988年6月10日，在寧江油庫門前，臨江街排水溝發現兩座明代墓葬，博物館當即進行了搶救性清理，徵集了全部器物。1992年5月，吉林油田建設公司磚廠內發現了古墓群，吉林省文物考古研究所抽調原白城地區各縣市文物幹部十餘人，對古墓群進行了科學挖掘，清理墓葬七十三座，出土器物近千件，其中僅瓷器就有三百餘件，收穫遺存豐厚。

1993年5月13日，博物館全體人員對朝陽鄉后土木村東一古墓進行了搶救性清理，並在該村徵集了紅衣陶壺、陶碗、陶杯等器物。

　　寧江區境內歷代碑刻不少，但保存完好僅存四塊，即「大金得勝陀頌」碑「清標彤管」碑「巴英額墓」碑和「太陽廟」碑。

「大金得勝陀頌」碑

　　「大金得勝陀頌」碑是1961年第一批公布的吉林省重點文物保護單位，1988年升格為國家重點文物保護單位。此碑係金代第五世宗王世宗完顏雍（金太祖之孫）於大定二十五年（1185年）為紀念金太祖完顏阿骨打在此誓師反遼，終獲勝利而建的紀功碑。沿拉林河西岸沖積平原和坎上坎下地帶，發現許多女真族生活、居住、狩獵遺址。出土有生活、生產文物，其中包括鍋、鐙、刀、箭等鐵器。從出土文物看，考古調查和文獻記載一致表明：拉林河流域，長期以來是女真族生活、游牧、狩獵的地方。其距後來作為金代都城的阿城縣僅一江之隔，僅百里之遙。女真族兒女經常乘馬渡江，活動在拉林河兩岸，對這裡的地形、交通和周圍環境十分熟悉。完顏阿骨打在發動重大的反遼起義時，選擇在這裡聚集兵馬、誓師發難、出擊寧江州絕非偶然，是有其長久的歷史背景和經過深思熟慮的戰略眼光的。石碑所立處環境十分險要，四面由橫貫南北高達五六十米的弓形斷崖所環抱形成天然屏障。得勝陀即為斷崖與拉林河所夾沖積平原中一漫坡形土崗上高約兩米的橢圓台地。斷崖陡峭險阻，拉林河交通便利，河谷平原一望無際。水草豐茂，便於隱蔽，地勢險要利於攻守，實為興兵創業之要地。至今憑地遠眺，猶可想見當年的金戈鐵馬、刀槍林立的雄偉陣容和一呼群應、聲震山河的誓師場面。石碑附近常有刀槍、箭鏃、鐵鍋、馬鐙等物出土，大有古戰場遺風。

　　因完顏阿骨打誓師時，曾在此土崗上立馬號眾，因而碑立此處。

　　石碑全高3.2米，由首、身、座三部分組成。碑首正面刻有「大金得勝陀頌」六個篆體字，六字二行，為金代文人、書法名家党懷英手筆。碑身正面刻

漢字碑序和頌詩三十行，計八一五字，最長一行七十九字。前部分追述了完顏阿骨打在此地聚集兵馬、傳檄誓師的經過；後部分介紹了建碑的原委和頌讚帝業長久的四言駢體詩文。文字

▲「大金得勝陀頌」碑遺址

簡練，順理成章，大量引用了中國古代歷史傳說和漢唐等皇帝故事。當然不免帶有封建君權神授色彩和褒獎溢美之詞。碑身四周雕飾蔓草紋，碑身背面刻有女真大字，碑額十二字，碑文三十三行、一千五百餘字。羅福頤《滿洲金石志》所收較全，《吉林外記》僅記錄十二行，但由於它的首次記載和披露，引起了中外學者對此碑的注目、重視和研究。兩種文字對照。無刻工姓名。碑身下有龜趺碑座，高七十二釐米，寬九十七釐米，長一六〇釐米，重千餘斤。這種龍首、龜趺碑座的形制，顯然是繼承了唐宋以來碑刻的風格。

正面漢字碑文，由於年代久遠，風雨剝蝕嚴重，加以斷為三折，有些字已不完整，所以給整理碑文帶來很大困難，碑文見諸文獻記載的有薩英額《吉林外記》、李桂林《吉林通志》、羅福頤《滿洲金石志》、扶餘鄉人張齊軍《扶餘縣志》、盛京時報社《東三省古蹟遺聞續編》《吉林省歷史概要》、日文《滿洲金石志稿》《金代的史蹟》等書，吉林省博物館也整理過，現存省博物館展廳。

此碑立後夏迎風雨，冬披雪霜，於清道光初年尚完整，至清光緒三十年（1904年）夏，曹廷傑曾親自至伯都訥，「見斷碣臥荊棘中，其文被風霜剝蝕，不及道光三年吉林堂主事薩英額記錄之全。爰手拓數分」，是為碑文拓片之先者。《扶餘縣志》（1924年張其軍）也記載：「清初不知何以折斷、遂橫倒地上，污以風雪雨泥，幾不可辨。附近耕地農夫每之磨鋤或坐其上而話桑麻。」1915

▲「大金得勝陀頌」碑

年，扶餘縣知事孔憲熙巡視縣境，始發現碑石折半，傾臥荊棘叢中，已被風雨剝蝕。孔氏遂命人重新樹接，補其破損，並建樹碑亭保護。為志此次樹接修建活動，於碑亭處另立有花崗岩石碑一座，上鐫刻縣知事孔憲熙撰文、郝文濂（字孟溪，當時任扶餘視學）書丹紀念文字一篇（因字跡不清現已難辨全貌）。此碑現亦立於得勝陀頌碑旁。立石之外，另有郝文濂撰《建修得勝陀頌碑亭序》（收在張其軍之《扶餘縣志》中）。扶餘解放前夕，碑亭已毀歿無存。

1961年4月，碑被定為省重點文物保護單位，政府撥款重建碑亭，亭高4.5米，每邊長三米，碑在其中，前後設兩敞門。「文革」中，碑亭被毀壞，碑毀三折。1975年，省撥款先修築鋼筋水泥護欄，周長60米，高2米，正面鋼筋門欄。1977年省再次撥款，用現代化學藥物，將殘碑三段黏接復原。為防止碑石風化，又用封護劑塗於其表。因碑地處與引拉工程河堤畔僅50米之距，恐日久水浸台基，有損碑壽，於1982年，省第三次撥款七萬元，於1983年5月至9月，修築了石礎護坡，重建碑亭，並立標誌座，座上有黑色大理石陰刻隸書金字標誌牌四塊，由邊文源書丹。1987年，報請該碑為國家重點文物保護單位。

這座女真建國記功碑佇立在祖國北方原野，經歷了八百個寒暑，閱盡人世滄桑，不僅記錄和介紹了金代開國者的創業生涯，也是女真人民反抗鬥爭勝利的紀念，同時也雄辯地說明了中國歷來就是個統一的多民族國家，各民族共同開發建設了祖國的北疆，創造了燦爛的中華文化，譜寫出偉大祖國的悠久歷史。珍貴的石刻說明漢字在女真文字創製前後，一直是中國金代各族人民的通

用文字，因此刻在女真建國記功碑之首，碑文中大量引用中國古代傳說和漢唐皇帝故事，這有力地證明了漢族作為中華民族的主體民族，其語言文學、歷史文化風俗，有著巨大的內聚力，對於中華民族大家庭的形成和發展有著不可磨滅的卓越貢獻和不可動搖的歷史地位。

「大金得勝陀頌」碑已列入吉林省博物館展廳中遼金部分，以其王業肇基、開國記功和珍貴的女真文字遺存，吸引著國內外遊人和歷史考古界人士的矚目，不斷有來自各地的學者專家參觀考察。如金啟琮教授（遼寧省民族研究所所長），於一九八一年來此考察後，發表了《女真語言文字研究》，將碑文形成一部石刻對照辭典，成為研究女真文字不可多得的珍貴資料。

一九八五年八月，白城地區博物館、文聯、師專與扶餘縣博物館共同在扶餘政協禮堂聯合舉辦了「大金得勝陀頌碑建碑八百週年學術研討會」，有來自北京、遼寧、黑龍江和吉林省內的教授專家學者五十多人參加這次盛會，會議收到論文三十餘篇。會議期間全體與會人員去碑地參觀了修復後的金碑。

萬善石橋

伯都訥地方有代表性的古建築是萬善石橋。清宣統三年（1911年），由地方士紳吳長存、石洪範等帶頭出資，並呼籲各界捐款動工修建，歷時十年，於一九二一年九月二十七日（農曆八月廿六）竣工。該橋坐落在石橋鄉所在地之村東，橫跨賈津溝，是縣城通長春嶺、三岔河北線公路上必經之重要橋梁。該橋是一座三孔拱式石橋，橋身由青色和淡黃色花崗岩石砌成，全長四〇點一米，寬四點一米，高七點七米。橋身南面上部刻有「天地同休，萬善石橋」八字，北

▲ 萬善石橋

面上部刻有「流芳百代」四字。石橋造型穩重古樸，富有民族風格。

在石橋西端北側有雙廡殿式廟宇一座，並附有鐘樓。廟簷下立有兩座工程碑和四座募資碑，以紀念築橋有貢獻者。廟宇與鐘樓俱毀於一九四八年，今只剩殘基一段；僅有的兩座碑座現存於石橋鄉中學運動場內。

一九八五年，扶餘市政府公布萬善石橋為縣級重點文物保護單位。二〇〇七年五月，經吉林省人民政府批准為吉林省省級文物保護單位。

關帝廟

俗稱「老爺廟」，遺址在寧江區城南門外江口處（原寧江區麵粉廠西牆外）。有正殿、殿前牌樓、廟前戲樓三個部分，其中正殿一層三楹。主祀關聖帝君。建於清康熙四年（1666年）。伯都訥建新城時在沙坨中扒出，恢復舊貌。老扶餘縣城建城（稱伯都訥新城）以來，直至一九四七年扒拆前，一直香火極盛。

此外，在境內各地，較具規模的還有福慶寺、靈佑寺、吉樂庵、永安寺、關岳廟、龍泉寺、紅雲寺、青雲寺、觀音寺、保安寺、靜樂寺、興隆莊佛寺、朝元寺、西盛寺、彌陀寺、長春嶺關帝廟、萬善寺、隆興寺等十幾座規模不同的佛教寺院。

這方面的古代建築很多，建在老縣城（今寧江區江北城區）比較有代表性的主要有孔廟、三母廟、太陽廟、清真寺、基督教堂等。建在境內其他地方規模比較大、較為出名的古代宗教建築還有南大寺、普善堂、凌霄寺等。

紀念地

寧江區烈士陵園

即原扶餘縣烈士陵園，始建於1951年。

1945年10月，曾在縣電影院路南（即後來的烈士陵園北門附近）為在扶餘縣犧牲的蘇聯紅軍1246團團長耶基洛也夫和一名紅軍戰士修建烈士墓一座。1946年8月，在其南側建東北民主聯軍三師二十八團烈士墓和紀念塔各一座。1951年，以紀念塔為中心，闢建扶餘縣烈士陵園（今寧江區烈士陵園），占地面積7.4萬平方米，次年，在園內建築一座烈士紀念碑。園內栽植各種樹木約兩萬株，並築有供遊人小憩的涼亭。陵園內林木蔥蘢，氣氛莊嚴肅穆。每年清明，學校師生皆來掃墓，緬懷憑弔革命先烈。

▲ 梁士英烈士紀念碑

▲ 蘇聯紅軍烈士墓

　　1986年，在園內增建梁士英烈士紀念碑。後因建電視台、民政辦公樓、職工住宅樓等占地，陵園面積相對縮小，建築物布局曾作調整、搬遷，並增建了革命烈士業績陳列館等，為深入開展愛國主義教育活動提供了廣闊的空間，也為向廣大青少年進行革命傳統教育和全民國防教育提供了豐富的內容。

蘇聯紅軍烈士墓

　　1945年8月，一小撮日軍逃竄到扶餘大窪屯（今寧江區大窪鎮政府所在地）。進駐扶餘的蘇聯紅軍1246團團長耶基洛也夫率部追剿至該地。日軍懾於威力，假意投降。受降搜查時，一日本士兵突然掏出手槍向耶基洛也夫及衛兵射擊，其他日軍也乘機迅速奪槍頑抗。雙方激戰多時，殘餘日軍乘夜北逃過江至肇源縣境內，後被殲。耶基洛也夫和他的衛兵在這次戰鬥中犧牲。

　　為紀念蘇聯紅軍團長耶基洛也夫和另一名紅軍戰士，10月，縣政府在縣電

影院門前路南50米處，建蘇聯紅軍烈士墓。烈士墓為鋼筋水泥結構，墓高4.3米，頂寬0.95米，底寬2.95米，正面刻有「蘇聯紅軍一二四六團耶基洛也夫和一名紅軍戰士之墓」，下附有俄文標識。背面刻有「為反法西斯作戰而光榮犧牲的紅軍烈士永垂不朽！」等紀念文字。後因城鎮擴建，將墓遷至烈士陵園內依原式重建。

後官烈士墓

後官烈士墓位於善友鎮後官村西公路北側，占地面積40平方米。原建有一座水泥紀念碑，碑上嵌有一塊玉石雕刻的烈士頭像。墓地安葬的是革命烈士——劉力峰。劉力峰，1910年生於善友鎮後官村，1932年加入了東北民眾抗日自衛軍，1933年加入中國共產黨領導的山西抗日組織。1947年11月，不幸被駁殼槍走火擊中腳趾感染破傷風，不治殉職，終年37歲。

溪浪河烈士墓

溪浪河烈士墓位於伯都鄉溪浪河村坎下，占地面積30平方米。安葬戴俊貞、戴俊儒兩名烈士。1988年10月1日，中共伯都鄉委員會、伯都鄉人民政府在此為兩位烈士各立水泥墓碑一座。

互助烈士墓

互助烈士墓位於大窪鎮互助村去風華公路北側，占地面積10平方米，安葬的是方振江烈士。1988年10月大窪鄉人民政府為其建立水泥墓碑一座。由於修建203國道，於2006年將此墓遷至公路南側。

羅斯屯烈士墓

羅斯屯烈士墓位於新城鄉羅斯屯北200米去伯都鄉的公路路東，占地面積50平方米，墓地安葬的是陳喜才、張子才、李文山三名烈士。1988年11月2日，新城鄉人民政府在此為三位烈士各建水泥墓碑一座。

寧江區非物質文化遺產申報

　　根據國務院《關於加強中國非物質文化遺產保護工作的意見》和省、市關於非物質文化遺產保護工作的安排部署，寧江區成立了非物質文化遺產保護工作專家組，在經過諮詢、論證、評審和多次研討後，分三批次共申報含傳統技藝、傳統醫藥、民俗、民間文學、傳統音樂、曲藝、傳統舞蹈、雜技與競技、民間美術等九個方面三十五項。其中，民間手工技藝項目老醋釀造工藝、傳統技藝類滿族紮彩項目已經成功申報省級非物質文化遺產保護名錄項目；雜技與競技類太極五行通背拳項目、民間美術伯都訥滿族民間剪紙項目申報市級第三批非物質文化遺產保護名錄項目工作已經結束，並擬申報省級非物質文化遺產保護項目。此外雷氏正骨和滿族秧歌兩項被列入市級非物質文化遺產目錄。

▲ 老醋釀造過程——發酵

旅遊景點

　　古稱伯都訥的寧江區，歷史悠久，文化古蹟眾多，旅遊資源豐富。有繞境的松花江、拉林河。在伯都訥西部今寧江區境內，有森林公園龍華景區、三江口遊覽區、伯都古城遺址、鰉魚圈、鯽魚泡、環島湖等旅遊景區。在伯都訥東部扶餘境內，有秀美的珠爾山，國家級重點文物保護單位「大金得勝陀頌」碑，省級重點文物保護單位石頭城子古城遺址，萬善石橋，以及三清宮、三山寺、慈雲寺、圓通觀等。

　　區縣分設初期，寧江區的旅遊業都處於原始的自然狀態，對旅遊業缺乏有效的開發和管理，旅遊公路不暢通，服務設施不健全，缺乏配套設施，景區、景點沒有得到充分的利用。二〇〇六年以來，旅遊業迅速發展起來，成為正在崛起的新興產業；伯都訥地方的旅遊文化，也正在旅遊業的發展中逐漸形成。

　　旅遊活動從本質上講是一種文化活動。無論是旅遊消費活動，還是旅遊經營活動都具有強烈的文

▲ 靜謐的寧江灣

▲ 寧江區一隅

化性。就寧江地方的旅遊資源而言，無論是人文方面，還是自然方面，都相當豐富。從人文旅遊資源來看，這裡既廣泛地分布著從上古時代、先秦直到遼金、元、明、清等各個歷史時期的文物古蹟，民間也長久地傳承、發展著以滿族文化為代表，兼容中原漢族及其他民族文化內涵的無形的民風民俗、社會風尚。從自然旅遊資源來看，這裡地處松嫩平原腹地的兩江河間台地，各種自然環境、自然要素、自然物質和自然現象，構成了千姿百態的自然景觀。可以說，古蹟文化遺存豐富，民風文化積澱厚重，自然景觀開發建設前景廣闊。這些，都給地方旅遊業的發展和旅遊文化的初步形成，提供了得天獨厚的優越條件。自建區以來，寧江區充分挖掘旅遊文化資源，突出打造旅遊文化品牌，堅持「克服困難打基礎，統籌全局抓規劃，千方百計上項目，多種形式搞促銷，規範市場促管理」，使全區旅遊業從無到有，從小到大，迅速發展，也為地方的旅遊景觀建設增添了靚麗色彩，取得了豐碩的成果。

為更好地發展地方旅遊業，寧江區非常注重強化旅遊業宣傳促銷工作，先後參加了中國國際旅遊交易會、中國國內旅遊交易會和中國北方旅遊交易會，並取得一定的成效。

三江口遊覽區

三江口也稱三岔河口，因嫩江、松花江在此匯流形成松花江幹流而得名。

三江口遊覽區位於松原市寧江區北端，占地三千萬平方米，距市區四○公里，由松原碼頭乘船下行可直接到達。由於松花江和嫩江兩江的水質差異，二水並流後形成兩種不同的顏色，猶如青龍、黃龍並駕齊驅，匯合翻滾，東流數里猶不

▲ 俯瞰三江口

相混，景象蔚為壯觀。站在航道中間的大船上眺望，一幅奇異景象便清晰地展現在眼前：蜿蜒的嫩江從西北湧動著黛青的波濤滾滾而來，松花江支流從東南泛著渾黃的層層浪花奔騰而至，匯合後，二水頂托，並行而下，形成浩浩蕩蕩的松花江。每到夏秋季節，這裡成為廣大遊客泛舟觀景、作客漁家、飲酒娛樂的旅遊勝地。

鰉魚圈

鰉魚圈位於松花江西流北轉處的江心沙洲上，因歷史上捕養鰉魚而得名。休憩遊覽區面積一二○公頃，南距松花江大橋十五公里，與市區陸路直接距離七點八公里。乘市內公交車到橋西碼頭，然後轉乘遊船即可到達。

▲ 鰉魚圈滿族風情度假村

鰉魚曾是清代向皇室獻貢的貢品。傳說乾隆皇帝北巡，由吉林乘船順流而下巡視松花江流域民情，去觀賞松嫩交匯的三江口江景的途中，曾在此下榻。而恰在此時，錫伯族漁民捕得數尾鰉魚。據漁民說此魚十分神奇，不來貴人不露面，乾隆皇帝當場便賜錫伯漁民黃綾大車等物，命其每逢大年三十進京獻貢。鰉魚圈由此得名，鰉魚也因此聞名於世。

據王維憲先生關於鰉魚圈的採訪，鰉魚圈的來歷還有一說。相傳清初伯都訥設治後，錫伯族人專門從事漁獵活動，靠捕撈鰉魚為生，生活較為安定。其他族群眾相比之下，生存較為艱難，漸有不平之心。清乾隆年間，為加強邊疆防務，將錫伯人西遷。此後，鰉魚捕撈進入無序狀態，使得三江口一帶鰉魚幾近絕跡。當年這裡的錫伯人西遷後，伯都訥大戶「王門樓子」第五世當家人王祚，得到伯都訥副都統衙署支持，封江禁捕並飼養魚類。王祚飼養鰉魚的鰉魚圈由此得名。

鯽魚泡

鯽魚泡位於松原市寧江區伯都鄉境內的松花江右岸，距市區三十公里。因松花江北流水勢陡轉，至此形成窩漩，盛產肥美的鯽魚而得名。

鯽魚泡遊覽區建有休憩亭、垂釣台、餐飲店、演藝場等設施，集休閒、娛樂、餐飲於一體。這裡景色宜人，江心有天然沙灘浴場，遊人可洗浴、游泳，也可在此享受沙浴和日光浴。這裡與省級重點文物保護單位長崗子青銅文化遺址緊密相鄰。該遺址是寧江區發現歷史最早的、被遼金地層壓著的一種比較單純的屬「漢書二期文化」類型的青銅文化遺存，其年代為「漢書二期」（戰國至漢）。學術界認為是「古代扶餘族的先世」生產生活活動的遺址。這裡曾出土了眾多文物，有石器、陶器、蚌器；有生產工具、生活用具、兒童玩具；上層還曾出土遼金遺物和北宋銅錢。該遺址為美麗的鯽魚泡增添了幾分歷史文化的厚重之美。

森林公園龍華景區

松原市寧江區森林公園位於松花江右岸，其範圍為寧江區善友林場的經營區和八家子苗圃經營區範圍內的鰉魚圈、三江口的部分經營區，總面積二十五平方公里，是集自然景觀、宗教聖地、休閒度假於一體的省級森林公園。園內森林景觀獨特，有數百公頃的長白美人松、品種楊、樟子松、落葉松、沙柳、雲杉等各種樹木和山菊花、芍藥等草本花卉植物，共六十多種。軍民防風固沙紀念碑和全國著名林業模範田富紀念碑矗立其中。

▲ 龍華園風景區

環島湖景區

環島湖景區位於松原市寧江區伯都鄉河西村，距松原市區十六公里，乘市內公交車可達。景區占地十萬平方米，建築面積一萬平方米。經過幾年的精心規劃、開發建設，景區現已發展成具有相當規模的集餐飲、住宿、娛樂於一體的農家休閒樂園。景區內種植優良葡萄〇點五公頃，形成葡萄長廊，可在中間擺台設宴。養殖水面三萬平方米，果園五萬平方米。道路硬化，環境美化，空氣香化。環島湖的餐飲天然綠色，農家風味，獨具特色。住宿是准三星級檔次、農家享受，還有三棟別具一格的園林式小木屋，掩映在島上的果林之中，使住宿者充分感受在大自然中生活的無限樂趣。同時設置釣魚台、遊船、游泳池、籃球場、健身房等娛樂設施，使遊人在運動中享受休閒。另外還不定期地舉辦篝火晚會。美麗而優雅的環島湖吸引著八方來客到此休閒娛樂。

兒童公園

兒童公園位於松原市寧江區，坐落在松花江大橋北岸西側，乘市內公交車可達。公園占地十九萬平方米，是松原市最大的公益性公園。經過幾十年的建設，已發展成集餐飲、娛樂於一體的休閒型娛樂園。園內有楊柳長廊、怪嶺猴山、塔山松鶴、鴨船遊艇、蝴蝶涼台、玉帶湖、健身園、遊樂場、百鳥城、石拱橋、柳浪亭、浩然亭等四十多個景點。園內的娛樂設施齊全，還可根據不同的時令季節組織不同的文化娛樂活動，如每年的正月十五元宵之夜，園內都被各式冰燈裝扮一新，五彩繽紛，給公園增添了幾分靚麗。

▲ 兒童公園

濱江公園

▲ 夜幕下的濱江公園

▲ 濱江公園

二〇〇四年以來，在沿市區松花江北岸原有綠化的基礎上，松原市又投入了大量資金，興建並完善了面積為十五點五公頃沿江帶狀公園，因與在建的濱江大道並行沿江向東延伸，形成了沿江綠化的風光帶，故名濱江公園。二〇一〇年，在濱江公園西側的白楊林林間空地，先後安置了兩組浮雕，一組為銅雕《扶餘國的傳說》，用十幅畫面反映了濊貊漁獵以及東明出世、勵志習武、罹難出逃、浮魚渡江、率眾強族、厲兵興農和肇基立國的歷史傳說；另一組是一幅長達三十米的石雕《松花江的傳說》。兩組浮雕為公園增加了歷史文化的內涵。

第五章 ——

文化產品

松花江秀水流雅韻，琳瑯滿目記古今。伯都訥文化百花盛開，秀色迷人。從小說、詩歌、散文等文學創作的繁榮，到書畫、工藝美術、攝影藝術的發展；從戲劇曲藝、音樂歌舞的傳承、創作，到演出成功，都是各個時期的文學家、藝術家群體的奮鬥和引領，都是伯都訥地方各族人民用汗水和辛勞澆灌的豐收碩果。

傳播地域文化的陣地 ——《伯都訥》文藝季刊

　　《伯都訥》文藝季刊，二〇〇八年一月創刊。由中共松原市寧江區委宣傳部主辦，伯都訥文化研究會協辦。主編由區委宣傳部副部長兼任，現任主編常立春，執行主編由伯都訥文化研究會會長王維憲擔任。

　　為了更好地宣傳推介寧江，挖掘寧江歷史，弘揚寧江地域文化，打造寧江旅遊品牌，繁榮寧江文藝創作，培養文藝新人，壯大創作隊伍，建設共有精神家園，為建設和諧社會提供精神動力和智力支持，進而促進寧江文化的大發展、大繁榮，區委、區政府決定創辦《伯都訥》文藝季刊。創刊號設有「主編序語」「特稿」「歷史沿革」「文化研究」「旅遊文化」「名家名作」「文化名人」「文學天地」「曲藝大觀」「劇本連載」「文藝評論」「文藝動態」「書畫藝苑」

▲《伯都訥》文藝季刊

等欄目，重點刊出了伯都訥文化研究會的第一批研究成果。這些論著緊緊圍繞歷年區委、區政府文化旅遊的工作要點，體現研究會「挖掘歷史文化，打造文化精品」的宗旨，為區委、區政府提供決策依據。「旅遊文化」欄目，刊發由沿江旅遊經濟開發區、區旅遊局編撰的全區旅遊發展遠景規劃，並附作家協會主席高振詮所作的歌頌伯都訥大街的美文，通過這些欄目，可以引導讀者關注寧江旅遊發展並來此投資興業、旅遊觀光。「名家名作」欄目，主要是介紹松原和寧江籍的

▲ 《伯都訥》文藝季刊2008年第4期封面

文化名家創作的作品，展示出我區深厚的文化底蘊和卓越的創作人才。「文學天地」欄目，主要推出現代當地文化名人創作的各種題材的經典作品，昭示了我區文藝隊伍的不斷壯大和文藝人才的傳承創新。

　　文藝季刊的問世，為寧江區文藝創作和文藝愛好者提供了交流的平台，得到了全區乃至全市廣大文藝愛好者的大力支持，他們紛紛向季刊投稿，保證了稿件的質量和數量，使季刊如期出版。到二〇一四年第一季度，《伯都訥》文藝季刊已經刊發二十五期。

弘揚民族精神的英雄史詩
——長篇歷史小說《洪皓傳》

　　在長篇小說創作方面，寧江區代表性的作品主要有長篇歷史小說《洪皓傳》。《洪皓傳》，由王維憲、胡瑞英合著，四十萬字，二〇〇二年由吉林人民出版社出版。該書作者站在歷史唯物主義的高度，運用翔實的史料，展開豐富的想像，為人們吟頌了一部大力弘揚民族精神的英雄史詩。作為一部全面反映中國十二世紀南宋北使金國的民族英雄的第一部文學傳記，《洪皓傳》是寧江區洪皓研究會多年來「洪研」活動的一項重要成果。同時，它也是一部弘揚民族精神和傳播愛國主義思想的力作。

　　洪皓生活的年代，正是中國古代宋金南北朝對峙的時代，也是當時中國大地上以趙宋王朝為代表的漢族封建地主集團同以完顏大金帝國為代表的女真族奴隸主統治集團互相爭戰、議和頻出幻變的年代。《洪皓傳》在刻畫這一歷史人物時，刻意突出了產生於這個時代的民族英雄洪皓的愛國主義思想這一主線。書中，作為宋朝以「假禮部尚書」身分出使金國的外交特使「大金通問史」洪皓的愛國主義，就是通過一些具有那個時代特點的細節來表現的。書中既寫了他臨危受命奉節通問，出使金國；又寫了他受拘金營威武不屈，長流塞北貧賤不移；也寫了他持節松漠歷盡艱辛，魂懸南朝忠心不泯。作者把那些珍貴的歷史資料細加剪裁，廣事鋪陳，具體生動地再現了那一歷史時代的偉大愛國者的大智大勇、博大胸懷和偉大的愛國情操。

　　作為一部長篇歷史小說，《洪皓傳》較好地體現了其集人物傳記與文學創作於一體、熔歷史真實與藝術真實於一爐的特點。一方面，再現了歷史的真實，沿著洪皓入仕後一生的足跡，從秀洲截糧放賑到被薦升職出使金國，以及受拘太原、長流冷山、坐館授徒、傳布文明、走險探勝、紀行松漠，直到遇赦南歸、論策斥奸、遭貶著書等，依序一一寫來，構成了這部傳記貫穿始終的一

條縱線。同時，作者也圍繞洪皓，描寫了一個龐雜的歷史人物群，如張浚、趙構、粘罕、希尹、彥清、金哥、秦檜，以及洪皓的家庭成員等，按著縱橫發展脈絡，用這些人物組成了一條洪皓在各個時期與周圍人物關係的橫線。在這種錯綜複雜的縱橫交織中，作者把主人公的形象從蕪雜的歷史資料中活生生地再現了出來。另一方面，作為一部文學作品，作者通過聯想、推斷、構思、設計，充分地展現了作品的藝術真實性，如開篇寫搶米風潮（真實背景）中的李閻羅（虛構人物）。另一方面，為深化書中人物的性格，豐富人物形象，作

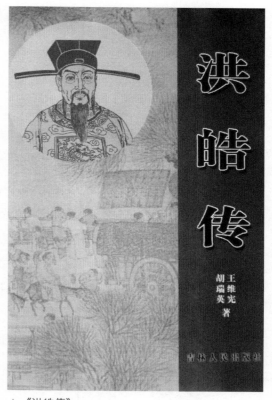

▲ 《洪皓傳》

者也為一些真實的歷史人物虛構了一些情節，如金哥（真實人物）三下五國城和金哥與主人公的愛情波瀾（虛構情節）等，就這樣勾勒出了一個個活靈活現、呼之慾出的「典型環境中的典型人物」，用藝術的真實性成功地體現了這部文學傳記創作的現實主義的基本特徵。

《洪皓傳》的作者通過這些情節、人物的描寫，有力地向人們證明了，在當時那個歷史時代，是歷史的發展選擇了洪皓；而洪皓的各方面條件，又正好適應了這種選擇。所以，這就正是一種「時勢造英雄」的又一歷史必然。

一部新編「遼金宋史演義」
——長篇歷史小說《一代鷹王》

　　長篇歷史小說《一代鷹王》，二〇〇五年二月由中國國際文化出版社出版，作者王維憲，是松原市寧江區洪皓研究會會長。

　　《一代鷹王》主要內容是：鷹神受玉帝之命投胎凡間，長成女真鷹王完顏希尹。他跟從太祖、太宗反遼建金、伐宋拓疆，多獻謀略，屢建功勞，又輔佐熹宗革制清側、強化君權。因而，他被晉陞為尚書左丞相，受封陳王，並賜「鐵卷」，享受「肩輿上殿」的特權。但功勞和殊榮致使他野心膨脹，竟然不顧玉帝的囑託和一悟真人的告誡，借熹宗誅殺叛黨之機，他濫殺同宗，清除異己，擴充權勢，甚至為謀國篡權，另立朝廷鋌而走險，最終招來喪身殺門大禍。鷹神含怨返回天庭，又被鎖進天牢……

　　《一代鷹王》的主人公是大金開國功臣完顏希尹。全書三十八回，洋洋灑

▲ 王維憲作品《一代鷹王》

灑三十萬字。王維憲說：「在忙於《洪皓傳》出版之時，我就產生了創作一部以完顏希尹為主人公的小說的念頭，主要有三點考慮：一是完顏希尹確實是大金的開國功臣，不管是滅遼克宋，還是革新創製，都是功勳卓著。但是，金國皇帝給予這位皇室遠族的官職與賞賜卻總是偏低。我想重重地宣揚他。二是功勞助長了希尹的野心，他利用皇帝對他的信任，虐殺『凡七十二王』，為自己『謀國』而肆意妄行。我接下來又想狠狠地抨擊他。三是南宋使者洪皓流放期間與

希尹糾葛了十餘年，希尹軟硬兼施，使盡伎倆，欲使洪皓就範，而終未實現他的企圖。對此事後來卻產生了二人『相交甚密』甚而『莫逆之交』之說。對此我想再次揭露希尹不可告人的陰謀。出於這三點想法，便給這個人物固定了一個不可避免的悲劇結局，同時也預示了女真金國從崛起到衰亡的短期命運。」

這就是作者寫這部長篇小說的本意。

長篇小說宜「橫鋪」，但開篇、結尾甚重要，慣稱「虎頭豹子尾」。本書以神話開篇，是北方民族英雄史詩的慣用手法。這種手法叫「大旁描」，如：

始祖──函普的「立俗創製」；

獻祖──綏可的「安居樂業」；

昭祖──石魯的「條教立法」；

景祖──烏古乃的「自治自強」；

世祖──劾裡缽的「裁亂興盟」；

穆宗──盈歌的「發展聯盟」；

康宗──烏雅束的「繁榮經濟」。

這種由遠及近，從古至今，從側面到中心，從分支到主體，層層疊疊道來，飄飄呼呼描述，既產生一種神祕感，又產生一種悠遠感、厚重感；但要水乳交融，淡淡化開，似晨霞迎日，又似暮日接雲，才能顯示出水墨增色的工力。

「旁描」之後，便引出神話。王維憲說：「在此書的開頭與結尾使用了神話的形式，為的是給這個傳奇人物更增加傳奇色彩。」但神話好寫，化入不易。「神鷹投胎」，確實精彩。王維憲在故事的敘述中，有意夾雜一些女真人的婚姻、喪葬、祭祀、宗教、服飾、娛樂等習俗，目的在於增添北方民族的生活氣息，暗示女真人在中華民族大家庭中以必將成長起來的光明前途。

《一代鷹王》是一部新編「遼金宋史演義」，它既代表了寧江區在文學創作方面有了新的提高，也代表了寧江區在伯都訥文化研究方面取得了新的成果。

地域文化研究的名片
——伯都訥文化研究系列叢書

　　伯都訥地方的地域文化研究活動，早在清朝末年和民國初年就已經出現。道光三年發現「大金得勝陀頌」碑，抄錄了正面漢字碑文，被載入《吉林外紀》。一九一五年扶餘縣縣長孔憲熙巡視縣境，發現「大金得勝陀頌」碑折斷草叢中，於是組織力量樹接，並建碑亭保護。隨同孔縣長巡視的縣視學官郝文濂就曾撰寫了《建修得勝陀頌碑亭序》一文，這是扶餘地方最早的地域文化研究成果。對其他古蹟、文物、文獻進行比較深入的研究，也是從二十世紀六〇年代的文物普查時即已開始。八〇年代以後，隨著地方志編纂活動的興起，地域文化研究活動也自覺地開展起來。研究領域涉及古遺址、古城址、古墓葬、

▲ 首屆伯都訥文化研究論壇

出土文物以及地方民族政權更替、重要歷史人物軼事、重大歷史事件、地方民族語言文化、民風民俗等，並都取得過很重要的成果。比如對金碑的研究，就曾在寧江召開過兩次全國性專題學術會議。另如文物考古、民俗探索、信仰探秘、語言文學、民間歌舞、書畫研究等方面，也都有很多專門的研究文章問世。

《伯都訥文化叢書》

二〇〇四年十一月，寧江區文化旅遊開發領導小組組織部分作者，開始編撰，主編王維憲。全套叢書共分十冊：《伯都訥史話與傳說》，作者王維憲、王昭全；《寧江洪皓研究》，作者王維憲、馬云光；《伯都訥文物古蹟》，作者王國學、鄭新城；《伯都訥風俗民情》，作者王昭全；《伯都訥教育體育衛生》，作者戈立齊；《伯都訥文學精粹》，作者孫瑋；《伯都訥文化藝術》，作者高振詮；《新城戲與八角鼓》，作者徐達音；《龍華寺與寧江旅遊》，作者鄭志；《伯都訥周邊文化》，作者蘇赫巴魯、白蕾。叢書由時代文藝出版社出版。

《伯都訥滿族文化概覽》

編著者王維憲、王昭全、百強、王國學、王曉東。全書分九章，系統闡述伯都訥地方滿族的歷史文化、地理環境、宗教信仰、民風民俗、語言文學、戲曲歌舞、書法美術、文物古蹟和民族古今名人等，分別進行分析、探討和客觀記述。本書還收錄了一定數量的圖片。全書共五十二點四萬字，已於二〇一一年十一月作為「松原蒙滿文化系列叢書」之一、「伯都訥文化研究大系」第一部成果，由吉林人民出版社出版。

《伯都訥文化研究文集》（上、下）

上卷包括「綜合研究專輯」「王維憲專輯」，下卷包括「王昭全專輯」「百強專輯」「王國學專輯」「王曉東專輯」和「志願者專輯」，共七個板塊，總計收錄伯都訥地域文化研究文章近二二六篇，計六十八萬字，已於二〇一二年十二月內部出版發行。

《伯都訥民間傳說故事集》

作者王維憲，計二十五萬字。二○一四年六月出版發行。

▲《伯都訥民間傳說故事集》

洪皓研究

一九九九年，以王維憲為會長，組建寧江區洪皓研究會，開展了對洪皓和洪皓作品的系列研究。從研究會成立的前兩年到二○○五年，洪皓研究活動已經取得了八項重要研究成果：論文集《洪皓研究文集》（主編王維憲）；《洪皓詩詞譯註》（譯註者王維憲）；敘事長篇史詩《松漠正氣歌》（作者孫瑋）；論文小說合集《洪皓在松原及其他》（作者王維憲）；論文集《洪皓流放地的洪皓研究》（主編王維憲）；長篇歷史小說《洪皓傳》（作者王維憲、胡瑞英）；長篇歷史小說《一代鷹王》（作者王維憲）；《松漠紀聞譯註》（譯著者馬云光）。

古代女真族戲劇——朱赤溫

寧江早在後金時期即已經有女真族的戲劇「朱赤溫」流行（後失傳）。朱赤溫，滿語譯音，含義為「戲」或邊唱邊舞之意，其中亦含有遊戲的意思，又稱朱春或烏春，是滿族傳統的民間藝術形式之一。它是在融匯了民歌、說唱文學、「倒喇」（歌舞、漁唱）和百戲散曲等諸種表演藝術精華基礎上而形成的滿族民間戲曲劇種。清朝中後期，朱赤溫逐漸形成的三大派別中，流行在伯都訥地方的是其中重要一支，被後來的研究者們稱之為「扶餘支」。

關於朱赤溫的源流，據黑龍江省戲劇工作室隋兵在《滿族戲——「朱春」初探》中記載，有以下幾種說法：第一種說法認為，在金代就有了滿族戲——「朱春」的形式出現。它是在女真的「倒喇」「臻蓬蓬歌」和「莽式舞」的基礎上發展起來的。第二種說法認為，是努爾哈赤當了皇帝之後，在皇宮舉行慶功封賞活動，請來薩滿祭祀祖先和神靈，又請來民間的「朱春賽」到皇宮來演「朱春」坐唱，由娛神到娛人，後來逐漸演變發展成為滿族戲——「朱春」。第三種說法，認為「朱春」是在滿族說唱「德布達利」的基礎上，吸收滿族民歌「拉空吉」「莽式舞」和單鼓等藝術之長發展而成。這幾種源流說法，雖然是口頭傳說，但它可以作為進一步研究滿族戲源流的參考。

滿族是一個能歌善舞的民族，滿族民間說唱藝術豐富多彩，早在女真後期就有了八角鼓說唱藝術。八角鼓原是滿族早年在東北未入關之前，在射獵牧居時的一種民間藝術，可看作是滿族戲「朱赤溫」的基因和源流。

朱赤溫的表演形式，一般為二人或八人同台表演，也見有一人表演的。分小戲、大戲兩種，小戲包括「八角鼓戲」「倒喇」「坐腔戲」和「下地戲」等形式；大戲人物角色多，在《清代宮廷百戲圖》中記載的朱赤溫《濟爾圖勃格達汗》一劇中的人物就有十多個，用滿語演唱的《穆桂英大破天門陣》等劇目中人物眾多。

至清代乾隆、嘉慶時期，朱赤溫便已經具有生、旦、淨、末、丑等明確的角色、行當。生與旦多在劇中扮演主要的正面角色，淨與末大都扮演劇中的配角；丑是劇中活躍人物，它注重即興表演，有時運用台詞揭示劇中人物或演員本身的潛在意識，給人以生動活潑風趣滑稽之感，通過插科打諢的方式與劇中人物和在場觀眾互動，以此獲得幽默效果，使朱赤溫演出增添許多妙趣。

　　初期，朱赤溫的道白和演唱都用滿語，少數移植的漢族劇目用漢語演出，但都用滿洲曲調來演唱。在滿語向漢語過渡期間，有些唱詞中逐漸夾有某些漢語，致使唱述不夠通順，人稱「滿語加漢話，唱不上來就比畫」，實際是已經很受當地民眾喜愛、初具戲曲規模的滿族表演藝術。

　　朱赤溫的演出劇目保留下來的很少，如《祭神歌》《目蓮救母》《黑妃》《紅羅女》等。劇目所表現的內容有四個方面：一是祭神、祭祀祖先；二是反映滿族歷史上重大事件和戰爭中的傳奇人物，為他們歌功頌德；三是體現滿族的神話、傳說的故事題材；四是移植漢族的戲曲，以反映滿族歷史和愛情生活的作品為多。朱赤溫的伴奏樂件主要有鼓、板、三弦、笙、琵琶及大鑼、云鑼等。

　　朱赤溫藝人沒有職業班社，也沒有固定的演出場所，一般是在村屯、集鎮搭台演出。據王玫罡考證，朱赤溫在松遼地區分有三個支派（相當於今天的戲曲流派風格）：吐什吐支，流行於今黑龍江省肇州縣一帶，以演出民族、民間故事見長；扶餘支，流行於今吉林省松原地區，以演出民族聖賢故事令人矚目；烏拉支，流行於今吉林省永吉縣一帶，主要演出歷史故事。烏拉支在吉林境內流行的曲目主要有《奧爾厚達喇》（滿語，意為歌唱人參王）、《笊籬姑姑》《三阿哥從軍》《排張郎》等十幾齣，清乾隆年間，烏拉支曾赴承德避暑山莊參加「萬壽節」慶典演出，由此，朱赤溫登上了大雅之堂。乾隆、嘉慶時期，朱赤溫發展到鼎盛時期，除在松遼地區異常興旺之外，還流至北京、熱河、木蘭圍場一帶的滿族聚居區，同時增加新的流派分支，並增加宮廷的慶典演出。至道光年間，由於中原諸多地方戲曲的紛紛崛起，加之滿族語言和生活習俗的不斷漢化以及宮廷內部熱衷推崇崑曲和後來的京劇等各方面因素，導致朱赤溫逐漸衰落，演出劇目也隨之失傳。

伯都訥鄉土藝術的瑰寶——滿族新城戲

滿族新城戲，是全國三百多劇種的戲曲百花園中唯一的滿族戲劇種。作為少數民族戲曲劇種，新城戲已被列入《中國大百科全書戲曲曲藝卷》《中國戲曲年鑑》和《中國戲曲曲藝辭典》之中。溥傑先生曾為新城戲親筆題字：「滿族戲劇、藝苑新花。」

滿族新城戲創建初期，其聲腔音樂是在曲牌聯套體的基礎上，創板式變化體，追求板式齊全，其聲腔是以扶餘「八角鼓」的《四句板》《推船》《寄生草》《安羅》《羅江怨》《數唱》《太平年》《剪句花》《詩篇》《茨山》《柳青娘》《煞尾》《石榴花》《鴛鴦扣》《耍孩兒》《弦腔》《四大景》（又作《漁安郎》）、《倒提蘭》（又作《海南員》）、《銀紐絲》《疊斷橋》《蓮花落》《莫牛花》（又作《花鼓》）、《五更》《娃娃腔》《摔板》《靠山調》《孝順歌》等二十七個曲牌為基本旋律而發展起來的。

二十世紀八〇年代後，新城戲在努力向民族方向發展的過程中，把「實現滿族化」作為劇種建設的首要任務。不斷吸收滿族民間的藝術門類，經過提煉改造和再加工後，融入新城戲聲腔音樂，使新城戲的聲腔音樂更加豐富多彩，更加具有民族特點和時代氣息。

滿族新城戲在聲腔音樂改革上，堅持「不離基調、採擷眾華、融合提煉、自成一家」和「大膽創新、廣泛吸收、自然淘汰」的指導思想，打破地方戲模式，取締原來套用的京評板式、節奏，創自己的路，使新城戲在聲腔音樂及劇種建設的道路上，邁出了可喜的步伐。

在向滿族特色發展過程中，通過反覆實踐和探索，滿族新城戲已創造出各種板式和一整套能夠體現各行當的唱腔音樂，使這個新劇種在聲腔音樂方面獨樹一幟。滿族新城戲現已有原板、慢板、三眼、二六、彈頌板、行板、數板、垛板、流水、二三板、快四板、散板、搖板（緊打慢唱）、尖板和清板等十幾

種板式。對原有的板式唱腔採用揉進一些特型音調的方法加以改造，使它的民族特色更加鮮明。根據原曲牌《五更》發展成旦角的抒情慢板，用《茨山》變奏的手法，體現活潑高興的情緒和悲哀痛哭的氣氛，加上無字歌伴唱，使之特點非常突出。根據原來新城戲唱腔上「激昂不足，抒情有餘」的弊病，注重了向激昂發展的趨向，用《四句板》《數唱》《靠山調》等曲牌，發展成彩旦等人物的唱腔；根據滿族先民「善漁獵、喜騎射」等特點，把他們信奉薩滿教跳神的單鼓韻味揉進八角鼓的行腔之中，使唱腔甜美委婉，並具有古樸蒼涼的味道，加強了劇種的特點：在唱腔設計時盡量使用老曲牌，保持原聲腔、原生味，還採用「只改變節奏而不改變旋律」的做法，使其變成一種新的唱腔。把《茨山》改成新板式唱腔「慢三眼」，在幾齣戲裡多次使用，均收到了良好的效果。滿族新城戲的聲腔，現已發展成以板式變化體為主兼用曲牌的音樂體制。它的板腔和曲牌的運用比較靈活，有時板腔和曲牌結合使用，有時只用板

▲ 滿族新城戲劇照之一

▲ 滿族新城戲劇照之二

腔，有時則單獨使用曲牌。唱腔音樂的主要特點是旋律上經常使用四、五度的連續跳進又二度上行，加之行腔跳躍幅度較大而抒情，拖腔長而委婉，因此形成了自己的韻味。男女分腔常採用的是同腔異調和同調異腔的方法。在聲腔演唱上，講求字正腔圓、聲情並茂、因人而異等方面，尚未形成流派。

場面音樂也是在實踐探索中逐漸形成。使用較多的是「隆慶樂曲」，它是清代最具代表性的宮廷樂曲，其典型樂句簡單古樸，個性鮮明，表現效果好。目前常用的有表現吉慶場面的「喜臨門」；有表現歡快場面、也可當行弦用的「春風撲面」；有加用大嗩吶、木魚、九音鑼、碰鐘等樂器，用於佛道寺院的「秋風落葉」；有將八角鼓曲牌加工整理，用於宮廷擺宴等莊嚴場面的《鴛鴦扣》；有用於擺場、打掃、迎送等場面的《太平令》，還有用於走過場的《三槍》等牌子曲。

舞蹈音樂是體現劇種音樂特色的重要載體。在幾齣滿族故事題材的大戲中

▲ 滿族新城戲劇照之三

都有大量的滿族舞蹈。給這些舞蹈配樂，首先把握住其鮮明的特點，然後進行加工，使之達到理想意境；如幾齣戲都有的「薩滿舞」和「腰鈴舞」，選配的樂曲就使用「薩滿樂」和「旗香神調」，有時為了色彩更濃烈，讓最有特點的樂句一再重複，加上單鼓和腰鈴聲響配合，製造出古代塞北天地蠻荒、苦難重重的氣氛。通過音樂，突出地表現了滿族先人在那艱苦惡劣的環境裡，求生存、求發展，呼天喚地、奮鬥不息的抗爭精神，效果甚好。

　　樂隊的樂器配備，文場使用色彩鮮明的高胡為領奏樂件，用二胡、揚琴、三弦組成四大件，此外配以古箏、笛、笙、嗩吶、電聲樂器和管絃樂器，增強了時代感。武場樂件除皮鼓、手鑼、大鑼、鐃鈸外，主要運用八角鼓、單鼓、腰鈴等民間民族樂器。

　　文場的伴奏方法，主要運用「托腔保調」四種方法，即「托、裏、襯、墊」四字訣，並採用配器的方法，使伴奏強弱鮮明，色彩濃郁，富於時代感。

武場則主要突出單鼓的核心作用，大量運用滿族民間單鼓音樂中的三棒鼓、一棒鼓、九棒鼓、老三點、老五點以及煞尾等鼓套子。對傳統的鑼鼓經進行了探索性改革，加進雲鑼、八角鼓、單鼓、架子鼓等形成了自己的節奏型。另外又加進了小五點、大五點、連五點、五花青、嬤嬤神舞、一擊鼓等新改編的鼓套子，突出了滿族的民族特色。如在《鐵血女真》中，把單鼓製成幾個大小不一，可調音高的排鼓，在劇中應用。由於單鼓具有區別於其他樂件的個性特點，它的聲響特殊，音色別緻，這種聲音無論在哪裡出現，都可使人聯想到這是薩滿跳神的場面，收到了特殊的藝術效果。

在表演程式上，新城戲力求體現民族特點與當代意識的和諧統一，橫向借鑑改造其他藝術門類；縱向深刻挖掘整理滿族的文化遺產，並根據劇情的需要，對吸收保留部分進行改革和創新，使其成為新城戲的有機組成部分。通過對滿族民間舞蹈和生活習俗的加工整理，提煉出具有新城戲獨特風格的各種行當的台步和動作，創造出與內容相協調的表演身段，初步形成了滿族戲曲的表

▲ 滿族新城戲劇照之四

演程式。如廢除女演員的京評台步，改革寸子舞，彩旦的台步是滿族秧歌的碎擺頭和腰鈴的扭動。三花臉的台步是秧歌下裝的抖肩和弓箭步。旦角的基本造型和台步是根據腰鈴舞的分解動作以及莽式舞的「左手於背，右手於額前，盤旋作勢」的有關記載，總結創作的，並發展了旦角的「吉祥步」「三道彎」的基本造型和台步。根據滿族是個牽犬駕鷹、行圍射獵、喜歌舞的民族，把他們習慣拉弓射箭的動作，加工成小生的基本動作和造型；根據滿族秧歌、大顫步和搖鈴加寸子的登山步，創造了花旦和丑角的台步；根據滿族婦女天足的特點，借用薩滿舞步創作了多種不同人物的台步和造型。滿族人崇拜和信仰的鷹神、樹神、山神、火神等，還有義犬救主及笊籬姑姑、嬤嬤神的傳說，在戲劇表演中根據這些民俗與信仰的靜物，把戲中人物的基本氣質設計成鷹神及義犬等特型，增加了戲劇的民族特色，使滿族新城戲逐漸形成了獨特的表演風格，那就是著意體現塑形美，不但主要人物造型美，就是每一個次要人物，包括侍衛、宮女等站到那兒都有一種塑形美。

滿族新城戲不但學習借鑑大劇種的表演手段，同時又積極吸收來自滿族民間生活的素材進行提煉加工和再創造，故而地方色彩、民族色彩都很濃郁。由於刻意融入時代內涵，使藝術表現手法充滿了現代意識的心靈外化。

戲劇表演舞蹈化，是新城戲的又一大特點，也是滿戲的一大創舉。它沒有套用戲曲化的固定程式，而是繼承了戲曲的傳統，借鑑姊妹表演藝術的精華，在滿族傳統表演藝術的基礎上，創作和發展自己的表演技巧和表演風格，使戲劇表演舞蹈化。在滿族題材的戲劇表演中，這種賦予感情變化的舞蹈貫穿於全劇始終。

以滿族民間古樸蒼涼的薩滿舞、腰鈴舞，穩健優美、雍容華貴的寸子舞，剛勁火爆的單鼓舞，表現滿族騎射生活的馬舞，反映民間祭祀習俗的金花火神舞，富有民間傳統色彩的笊籬姑姑舞、剪紙嬤嬤人舞、花棍舞（霸王鞭舞）、銅鏡舞（滿語，托利舞）、簸箕舞（滿語，節舞）、雪祭舞（揚雪舞）等等以及擊玠舞、跑火池、紅綢舞、滿族秧歌、九折十八勢等滿族舞蹈為原始資料，

從中提煉戲劇表演素材，並把現代舞揉進提煉的素材之中，使舞台充滿一幅幅滿族風情的流動畫卷和滿族民俗的歷史再現，使全場戲載歌載舞，觀賞性強，趣味性濃，既具有戲劇性，又富有民族性和時代性，使人觀後賞心悅目。

滿族服裝以及頭飾和鞋靴的特點都非常明顯，如旗袍、馬褂、坎肩兒、旗女髮式頭飾、旗鞋、旗靴、旗帽等。由於旗袍、馬褂、坎肩兒（馬甲）等魅力獨特，至今仍是各族人民喜愛的服飾。

新城戲的服飾，從滿族服飾特點入手，參照唐朝渤海及敦煌壁畫的服飾，吸收借鑑各劇種服飾之長，用現代審美觀加以改革創新，服飾設計在不離民族基調的原則下，廢除傳統的黑一色，增加現代色彩，其基本設計原則是：不求細，只求美，粗線條，大色塊，簡單古樸。如女長袍、男箭衣，不設計那麼多花花草草，龍飛鳳舞，一件衣只要一朵花、一棵草或乾脆什麼都不要。旗袍、箭衣、琵琶襟等除選用毛皮或毛皮圖案的衣料外，多選用現代高級布料縫製，

▲ 滿族新城戲劇照之五

▲ 滿族新城戲劇照之六

旗裝頭飾採用黑三塊變形，用牡丹、孔雀、蝴蝶、鳳的局部變形加保穗和燕尾兒，表現不同人物形象；有的人物採用誇張的旗穗，更具有特點。滿族人信奉烏鴉，於是把烏鴉的造型插在頭上，以示對烏鴉的尊敬。對其尚白、黑、黃、紫、藍色，忌紅色等都在服飾和道具中給予充分體現。

由於滿族是生活在白山黑水間的民族，寒冷的生活環境造就了他們獨有的衣著喜好和裝飾形式，各種毛皮是他們經常使用的冬季衣料，戲中的各種人物只要穿上點綴著各種毛皮的服裝，就很鮮明地表現出民族的特徵。

戲衣主要有：蟒、靠、改良靠、滿王衣、滿王褲、滿袍、薩滿衣褲、薩滿神裙、滿族衣、滿旗裙、戰袍、旗袍、改良旗袍、宮衣、女帔、袈裟、八卦衣、女滿長坎肩、繡花女帔、旗褶子、罪衣、水前、腰包駕包、滿馬褂、壽衣、帔蓬、兵服、小坎肩、魚鱗袴、絨兜兜、飯單、衫、襖、褲等。

新城戲的旗裝頭飾主要有牡丹旗頭、菱形旗頭、黑三塊旗頭、架子旗頭、

大鳳旗頭、蝴蝶旗頭等。其中黑三塊旗頭又稱兩把頭，在戲中為一般中上層地位的婦女所戴；架子旗頭在戲中為丫鬟、宮女、少女所戴；架子旗頭去掉旒珠、前加女兵額子在戲中為女兵所戴；其他旗頭在戲中多為女角的主要人物及次主要人物所戴。

　　新城戲的盔頭類別，大體與京劇盔頭類同，分冠、盔、巾、帽四類。其中有些盔帽獨具滿族特色。冠類主要有旗冠、紫金冠、平頂冠、鳳冠、老旦鳳冠等；盔類主要有相盔、帥盔、將盔、老軍盔、中軍盔、虎頭盔、父子盔、女盔、二郎盔、小棒盔、滿族額子等；巾類主要有高方巾、員外巾、扎巾、大板巾、武生巾、老生巾、升子底二、棒子巾等；帽類主要有王帽、神帽、黃羅帽、地方帽、相紗帽、道帽、僧帽、猴帽、皂罩帽、黃百歲帽、氈帽頭兒、大帽等。戲中的王帽，帽胎為紅地，上飾金紋、寶石，帽頂端插有翎子，為劇中王爺所戴；神帽即薩滿神帽為薩滿（扮神者）專用，帽頂上鑲嵌著小鷹，鷹的

▲ 滿族新城戲劇照之七

嘴裡叨有鈴鐺，神帽頂上鷹和鈴鐺的多少取決於薩滿的級別、等級。

滿族新城戲的女角旗鞋，以寸子鞋為主，但飾演平民百姓及老年婦女的女角則穿平底繡花鞋；男角旗鞋的特點是公服穿靴，便服穿鞋。靴的種類主要有紅方頭靴、豹皮靴、布靴、尖頭軟靴、高腰快靴等，男士旗鞋主要有雲頭鞋、尖頭鞋、單梁鞋、雙脊臉鞋等。

滿族新城戲在向民族化特點發展的過程中，不但注重聲腔音樂、表演程式、服飾鞋帽的民族特點，而且注意到道白、化妝等向民族特點靠攏問題。如道白以伯都訥地方語言為基礎，分韻白和散白兩種。韻白只是有節奏、有韻律的朗誦，富有音樂性，不同於京劇的中州韻，多用於古代戲的達官貴人及書生、墨客、才女等。散白是伯都訥地方音的說白，亦不同於京劇的京白，多用於古代戲的平民百姓及滑稽角色；現代戲一律用散白。新城戲的道白通俗易懂，節奏鮮明，堪稱自成一家。

新城戲的面部化妝採用自然畫法，男裝不用圖案式臉譜，少有面具，也不帶髯口；女妝亦多紅少白，濃眉大眼，忌柔弱化法。不論何種人物，都力爭化出塞北民族的粗獷和強悍，突出滿族特色。

滿族新城戲的布景設計有時寫意，有時寫實，所展現的主體都是塞北的山水和古樸的建築，宗旨是既要美，又要有特點。

滿族新城戲的道具也都選用滿族人民日常生產生活用具和祭祀用品等。如紅纓（一般在跳薩滿舞時使用）、抓鼓（既是撞擊節奏的樂器，又可作滿族歌舞時的道具）、單鼓（多用於戲中舞蹈及伴唱）、雙纓馬鞭（執鞭而舞表示騎馬，執鞭非舞示為牽行）、米斗弓箭（為戲中紅白喜事或祭祀用）、腰鈴（為戲中祭祀、歡舞時配用）、銅鈴（俗稱哄勿，薩滿跳神用）等。還把腰鈴、雲鑼，作為演員應手道具，把滿族傳說中代表吉祥平安的笊籬姑姑、嬤嬤神及供香，也作為演員手中的道具，給人一種新穎感，取得了很好的藝術效果。

滿族新城戲無論是聲腔音樂、表演程式及服飾鞋帽等，都不是原始形態的照搬，而是繼承創新的綜合結晶。雖然在向民族特色發展的道路上已取得了令

人欣慰的成績，但作為少數民族劇種，它還很不成熟，況且此前沒有成功的經驗可鑒，需要不斷開拓前人所未走過的路。與其他劇劇種相比，新城戲還很年輕，需要不斷髮展和完善，需要不斷探索與創新。

一九九五年底原扶餘區縣區分設，滿族新城戲劇團劃歸扶餘縣。一九九九年十二月上劃松原市，更名為松原市滿族藝術劇院，現為松原市滿族新城戲傳承保護中心。

▲ 具有原始風情的滿族舞蹈

來自民間的「吹打咔拉唱」——鼓吹樂

　　寧江區民間鼓吹樂歷史悠久，金代已有。《金史·卷三十九·樂上》載：「鼓吹樂，馬上樂也，天子鼓吹、橫吹各有前、後部，部又分為各二節。金初用遼故物，其後雜用宋儀。海陵遷燕及大定十一年鹵簿，皆分鼓吹為四節，其他行幸唯用兩部而已。」該卷還記載了「四節」的詳細情況，歌樂隊由一四七二人組成，可見其陣容之強大，氣勢之磅礡。後金天聰九年（1635年）八月，皇太極在將士出征前，放炮三次，吹海螺，「打鼓吹簫，吹喇叭嗩吶，對天叩頭」（《清太宗實錄》）。這是「頒金節」前女真族最後出現的鼓吹樂。「頒金節」後隨著清室的入關和漢人的大批湧入關外，使漢滿文化不斷融合，促進了滿族

▲ 鼓吹樂

鼓吹樂的迅速發展，不僅在婚喪中普遍使用，而且在商家開業、子弟登科、生日慶典、加官晉爵等，無不用鼓吹樂。

滿族音樂原來多用鼓伴奏，沒有喇叭，因打擊樂只有節奏而沒有旋律，民間音樂無法表現，後來有了喇叭，鼓吹樂中的民族韻律就越來越濃了。如鼓吹樂《老達子放鷹》《豆葉黃》《對玉環》等，都較完整地保留了滿族民間音樂的特點。

作為民間鼓吹樂，寧江地方也同其他地方的鼓吹樂一樣，有其自身的表現形式和統一的模式，演奏的曲目內容因不同的場合而異。紅事的拜墳和拜莊時，吹奏《小龍尾》《水龍吟》；上頭、穿衣服時吹奏《萬年歡》；上轎下轎時吹奏《抱龍台》《小龍尾》《得勝令》和《柳河吟》；走路時吹奏《小龍尾》和《得勝令》；拜堂時吹奏《小開門》《水龍吟》和《萬年歡》；入洞房時吹奏《抱龍台》；迎送賓客時吹奏《海青歌》。白事的擺祭時吹奏《祭搶》；送漿水時吹奏《柳青娘》；送三時吹奏《柳河吟》；燒行車時吹奏《工尺上》；辭靈時吹奏《小開門》《工尺上》和《小羅江怨》；裝車時吹奏《哭皇天》；出靈時吹奏《柳青娘》和《柳河吟》；下葬時吹奏《柳河吟》和《工尺上》。凡鼓樂班棚的樂手必須遵循這個程序，不得亂用曲牌。

伯都訥民間鼓吹樂歷史悠久，在舊時代，民間鼓吹樂多以「鼓樂班」或「鼓樂棚」（群眾習稱喇叭棚）的組合形式出現。凡婚、喪、喜慶，皆有鼓樂班演奏。每逢節日，秧歌、舞龍、舞獅等娛樂活動，也均需鼓樂伴奏。

民間鼓樂因演奏需要，吹奏嗩吶除用管簫笙笛伴奏之外，還需伴之以鑼鼓、鐃鈸，故至少要四五人或更多合成一夥，組成一班，即「鼓樂班」「鼓樂房」或「鼓樂棚」。舊時的婚嫁受傳統封建迷信觀念的支配，凡婚前皆選吉日良辰，因而多擠在一個日子裡辦喜事，有時一個大的鼓樂棚在同一天要派出六七伙人外出演奏，多應接不暇。所以除鼓樂班、棚之外，還有些「散吹」的鼓吹藝人，有僱主僱傭時，居住臨近的藝人則臨時組班。

寧江的鼓吹樂，舊時在境內各地分布的也較為普遍。解放前後境內較有名

氣的鼓樂班，有縣城的邢家鼓樂班、五家站鎮的張家鼓樂班、三岔河鎮的張家鼓樂班、李家鼓樂班、長春嶺鎮的趙家鼓樂班等。

鼓吹藝人講求吹（嗩吶、笙管笛簫等各種管樂）、打（鑼鼓鐃鈸等打擊樂）、咔（咔戲）、拉（板胡、二胡等各種絃樂）、唱（會唱整段的戲曲和曲藝），鼓樂班中的每個成員，起碼是主要成員，除了會自己擔任的樂器外，還要樣樣俱通。

鼓吹樂隊演奏一般有兩種形式：一為坐棚，亦稱「坐堂」，即在舉辦婚喪人家門口所搭的席棚中演奏。二為「行隊」，亦稱「走吹」，即在婚事和喪事中走路時演奏，一般不用堂鼓，只用嗩吶、小鈸等。

時至今日，民間仍有鼓樂班，只是應用的場合不那麼多了。結婚慶典多改用現代樂隊，並以歌手演唱為主，樂件主要是架子鼓和電子琴，其實這也是鼓吹樂的一種演變形式；使用傳統鼓吹樂的多為白事，而且規模比過去要小，一般只有一支或兩支大嗩吶，也有加鐃鈸的。

隨著時代的變遷，傳統的鼓吹樂逐漸失去了市場，取而代之的是文藝演唱或曲藝演出，大型慶典又興起了軍樂隊演奏，其陣容強大，威武壯觀，音色豐富，旋律鏗鏘。在慶典活動中，無論是文藝演唱、曲藝演出，還是軍樂隊演奏，都是在傳統鼓吹樂基礎上派生的新形式，不過較之傳統的鼓吹樂更具有藝術性、欣賞性和時代性。

舞出新精彩——「莽式空齊舞」

▲「莽式空齊舞」剪紙

「莽式空齊舞」，在前人舞樂的基礎上，清代歌舞花樣翻新，以其數百年的藝術活力成為古代和近現代華夏文化的重要組成部分。其中最為突出的標誌便是滿族舞蹈「莽式空齊舞」，亦稱莽式舞，是清代滿族的代表性歌舞種類。關於它的藝術面貌和流行盛況，清代很多史著與文人筆記都有翔實記述。

莽式舞蹈形式為「九折十八式」，「九折」即九組動作，一為起式，二為擺水即打魚動作，三為穿針即織網動作，四為吉祥即歡慶動作，五為單奔馬即打獵動作，六為雙奔馬即出征動作，七為怪蟒出洞即龍舞動作，八為大小盤龍即戲水動作，九為大圓場即歡慶動作，與四同；「十八式」即十八個舞蹈姿勢，有「手、腳、腰、轉、飛各三式，肩二式，走一式」。

關於莽式的舞蹈形式，還有一首歌訣：

東海蟒式最為先，九折十八記周全；
起式穿針擺水步，身手步肩緊相連；
吉祥步穩是關鍵，每折之間用此連；
單雙奔馬是武步，弓馬刀槍臨陣前；
怪蟒本為雜耍段，爬抖扭甩翻跳歡；

盤龍戲水更出色，恰如豐收慶豐年。

　　《莽式空齊》既有宴會喜樂和節日歡慶的民俗性與宮廷性，又含聚眾廟宇的祭祀性，一身具備多種功能。其歌舞情態也顯得別具一格。表演者「舉一袖於額，反一袖於背」而「盤旋作勢」的特定舞姿，配以眾人口呼「空齊」「空齊」的鏗鏘節奏，加上身穿修長的旗袍，邁著均勻的「吉祥」舞步（也稱「旗步」），整體上呈現著端莊、大方的藝術美感。人們常把這種優美的身段稱讚為「三道彎兒」。這種「三道彎兒」的優美身段又成為滿族其他舞蹈的基本動作姿態。莽式舞風格獨特，引人入勝。清楊賓曾作詩讚道：

▲「莽式空齊舞」剪紙

馬聞秋草後，
人醉晚風前。
莽式空齊舞，
逍遙二十年。

傳承悠久的民間曲藝──滿族八角鼓

　　八角鼓，是盛行於清代的曲藝曲種，以演唱者所用的擊節樂器八角鼓而得名，八角鼓原為民間的一種打擊樂器，最早見於明朝沈榜所著、一五九三年成書的《宛署雜記》。該書載：「都城八絕」中記載了作為打擊樂使用的八角鼓：「劉雄八角鼓絕，劉初善擊鼓，輕重疾徐隨人意作聲，或以雜絲竹管弦之間，節奏曲合，更能助其清響云。」《辭海》亦載：「八角鼓擊樂器……明嘉靖、隆慶間（1522年-1572年）有劉雄者，在北京擊八角鼓，擅絕一時。」《中國地方戲曲集成・內蒙古自治區卷》序言中載：「八角鼓原是滿族在關外牧居時的民間藝術，滿族人民常在行圍射獵之暇，以八角鼓自歌自娛。」演唱時八角鼓既是舞具，又是擊節領弦指揮。

　　關於八角鼓演唱的起源，雖眾說紛紜，但總的可概括為起源於關外，流傳於關內，誕生並盛行於滿族群眾中。清朝定都北京，八角鼓說唱藝術也被八旗子弟帶到中原。乾隆年間受漢族說唱文藝影響，逐漸演變為表現完整故事的敘述體說唱藝術，並漸改用漢語表達，也得到了廣大漢族民眾的喜愛。八角鼓演唱雖經歷代變革，但它的基本奏、演形式及獨特的民間稱謂──八角鼓從未改變。

　　滿族擊節樂器八角鼓是怎麼演變為滿族民間說唱八角鼓的呢？從文獻記載可知，八角鼓是從八旗軍隊中流行的「岔曲」演化而來的，八角鼓在為多種形式的歌舞伴奏過程中，也經常為「岔曲」演唱伴奏，久之則「岔曲」之名被八角鼓取代了。在雲遊客《江湖叢談》載：「按八角鼓之源流，係肇始於滿清中葉。」在平定金川之亂勝利回師時，軍士們曾在凱旋途中演唱。「其凱旋之歌亦岔曲也。兵至帝都，乾隆帝躬迎至盧溝橋畔，因討平金川有功而修建碑亭，賜宴獎功。帝復聽兵在金川時，曾以樹葉編為歌曲之詞，又經臣宰上奏，遴選八旗子弟成立八角鼓兒，排演日久，甚為優美，滿民爭相演習，八角鼓普及於

故都矣。」王梅莊著《八角鼓子弟之淵源》載：「岔曲既為凱歌，高宗（乾隆）又很喜歡這個音調，於是叫莊親王允祿、侍郎張照等，另編新詞，教南府太監歌演，皇帝常在漱芳齋、景棋閣、倦勤齋聽太監們演唱岔曲。」白鳳鳴著《單弦史話》載：「乾隆命令掌儀司給製造八角鼓這種樂器，還發給一種龍票，懸掛在排練場所，這個房子就叫票房。明令允許二品以下官員到票房唱岔曲，不算失官體，在票房裡活動的人都叫票友。後來無論是學京戲或其他戲曲、說唱，只要是業餘的，就都叫票友了。」從這以後，岔曲因為用八角鼓伴奏就被稱為「八角鼓」。從乾隆末期至嘉慶、道光年間，清子弟演唱八角鼓成風，極盛一時，之後，從京城逐漸傳往全國各地。

八角鼓曲調的根基是岔曲，有平岔、協岔、起字岔、垛字岔、西岔、數岔等多種曲調。從歌唱形式的岔曲演變為說唱形式的八角鼓，則岔曲成為曲牌聯套體的曲頭和曲尾，稱「岔頭」「岔尾」。八角鼓中所吸收的曲牌，絕大部分來自元、明遺下的宮詞、雜曲、民歌時調。至今中國各地八角鼓演唱的曲牌總的不下數百個，有的曲牌雖然同名，但由於地區的不同，在流傳演唱中也出現了較大的差異。這些曲牌絕大多數是在乾隆後期，八角鼓形成過程中逐漸吸收進來的。

八角鼓說唱藝術以八角鼓命名，演唱中的主要作用是領奏，掌握曲目的起止、速度、節拍，調節氣氛、配合感情、聚精斂神、增加音樂色彩。

清自嘉慶、道光以後，由於旗籍士兵在各地駐屯以及各地旗籍官吏的愛好，使八角鼓說唱藝術流傳到包括松遼地區在內的很多地區，在滿族與漢族混居地繼續流行。流行中，逐漸形成八角鼓不同的派別。據徐達音先生考證，已形成派別的八角鼓說唱藝術主要有北京八角鼓、山東聊城八角鼓、河北清苑八角鼓、遼寧鳳城八角鼓、內蒙古呼和浩特八角鼓和吉林扶餘八角鼓。流傳在這些地區的八角鼓演唱藝術在長期的藝術實踐中，受不同環境的影響，在演唱曲目、唱腔音樂曲牌、演唱形式等方面，都發生了不同的發展變化。如北京八角鼓就演變派生出「單弦」這種曲藝形式，清苑發展成為歌舞形式，聊城曾一度

發展成為廣場劇；而扶餘的八角鼓曲牌卻成為滿族新城戲聲腔音樂基調，滿族傳統說唱藝術開出了時代的新花。

二十世紀六〇年代搞新劇種時，從當時唯一健在的扶餘八角鼓老藝人程殿選先生那裡挖掘到二十七個曲牌和四十多個曲目唱段，使扶餘八角鼓免於失傳而成為新劇種聲腔音樂的基調。

八角鼓演唱是平服素妝上場，分單唱、拆唱、坐唱、群唱等形式。

單唱，在八角鼓演唱中，一個曲目所表現的內容，無論故事人物多少，唱詞多少，皆由一人演唱完成。單唱是八角鼓最原始的表現形式。在流傳發展的過程中，這種演唱形式也在發生著變化。最初只是一個人手持八角鼓自伴自唱；後來加入三弦伴奏，彈奏三弦者不參與故事說唱；再後來是增加了現代樂件二胡、板胡、揚琴、高胡及琵琶等，還增加了皮鼓、板等打擊樂器，伴奏樂件和人數增多了，可伴奏人員仍不參與演唱，曲目由一人由始至終完成。

拆唱，拆唱與單唱的不同點在於整段說唱故事是由說唱者與樂隊人員共同完成，而手持八角鼓的說唱者仍是說唱的主角。具體方式是依照幾個人物的說白、唱詞，由相應的幾個人分任角色，各道其白，各唱其詞。拆唱分角色說唱的形式與戲劇表演不同，拆唱僅是某人唱某角色，沒有戲劇化（如化妝、穿相應服飾及持道具等）的表演。

坐唱，八角鼓由單唱發展成拆唱，後來持八角鼓者也與樂隊同坐一起，一人持鼓主唱，眾人圍坐幫唱，有問有答、有說有唱。

群唱，群唱是指在一個段子中，不屬於單唱、拆唱的唱詞，某幾句唱詞由大家齊唱、聯唱完成。

八角鼓中的曲目在演唱中多是一調到底，通常很少轉調，即或個別曲目的唱腔需要轉調，也都是在四、五度關係調中轉換。因此，八角鼓演唱聽起來自然柔和、委婉動聽。

民間舞蹈的炫麗篇章 —— 滿族太平鼓

　　伯都訥地方是滿族先民舊地，「太平鼓」這種民間說唱曲藝形式盛行於滿族群眾中。因伯都訥地方滿漢長期雜居共處，所以伯都訥的漢族中亦有打太平鼓之習。打太平鼓活動多在每年的秋冬季節，豐收之年，用以祭天、祭祖，以謝上天和祖宗在天之靈蔭庇恩典。打太平鼓活動雖含有迷信色彩，但和跳大神、巫術治病有所區別。

　　在滿族祭祀活動中，「太平鼓」屬室內祭祀。一般前半夜屋裡燈火輝煌，嘉朋滿座，鐘鳴十點，便相繼請來賓和家內老少男女，分別坐滿南北炕上，至半夜十二點前後的吉時，「薩滿」便頭戴神帽，身穿偏衫，腰繫裙子，腰束腰鈴，一手執鞭，一手抓鼓（即太平鼓），乃傳令升香。於是司鼓人開始擊鼓，

▲ 滿族太平鼓舞

▲ 滿族太平鼓舞

　　主祭人走向神案前，升起用香榕葉製作的「捻紫香」。香燃起後，薩滿傳令，把屋內所有的燈熄滅，叫作「背燈」。夜深人靜，抓鼓、大鼓和腰鈴一齊奏響，聲音震耳，遠近皆聞。薩滿不斷高聲朗誦祭文，唱神歌和頌詞。接著由主祭人率領全家男人行跪拜之禮。如此反覆三次擊鼓，叫作「三排鼓」，讀祭文、叩拜，直至一疊祭文讀完為止，時天已黎明。屋內祭祀一般要占用三天。早餐以白肉血腸為主。每餐後，男子們要擊鼓甩腰鈴（但不准戴神帽），腰鈴向四方飛起，擊打成音，鏗鏘悅耳，舞姿優美。薩滿燒香跳神所用的曲調有獨唱、對唱（問答式）、有領有合（幫腔）及多聲部混唱等多種形式。並分跪唱、站唱、坐唱、走唱四種形式。其伴奏無管弦，只有「響器」（打擊樂）。鼓是主要「響器」，鼓點的變化極豐富。主要曲調有《坐大板凳調》《跳響舞神調》《排神調》《背燈調》《跳餑餑神調》《神調》《答對「按巴瞞調」》《請神調》《莽神調》《領牲調》等。

珍貴的書法藝術遺產
——伯都訥地方女真文書法和滿族書法

女真文書法

女真文字的特點也是單體方塊字，由點、橫、豎、撇、捺等符號組成，在書寫中的筆畫用筆都是漢字的楷書和草書運筆，所以它已形成獨到的女真文字的書法藝術。

從在伯都訥境內保存完好的「大金得勝陀頌」碑，可以欣賞到女真字的書法，同時也可以欣賞金朝前期的漢字書法，特別是著名漢字書法家党懷英的大篆書法藝術。

後金初，努爾哈赤命額爾德尼創製滿族文字時，遂即廢止女真文。現存女真文的文物除吉林省扶餘市「大金得勝陀頌」碑外，還有碣墨跡資料：「吉林省海龍縣楊樹林女真圖書摩崖」「西安碑林」中女真文書法殘石、吉林省舒蘭縣的「完顏希尹家族墓群碑文」。另外，明四夷館編有《女真譯語》。

女真文書法遒勁、挺拔，是介於楷書與草書之間的字體，也是中國文化寶庫中最珍貴的書法藝術遺產。

現能對女真文進行的研究和書寫的人不多，曾任遼寧省民族研究所所長的金啟孮先生，他常用女真文，書寫對聯和詩句等送給親朋好友，這也是在一定程度上對中國古代少數民族文化的傳承。

滿族文字書法

滿文是滿族人借用蒙文為基礎創製的拼音文字，有老滿文和新滿文兩種。滿文篆書初創於清太宗天聰六年（1632年）達海改制滿文後，是與新滿文本體字先後「拼出」的，但體式未備。至乾隆十三年（1748年），乾隆帝「指授臣工，肇為各體篆字」。二十年後，三十二體滿文篆字始集於《御製盛京賦》刊

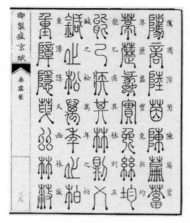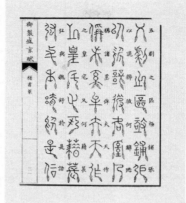

▲ 《御製盛京賦》

行問世。此乃以漢滿篆文合璧於世，集滿文各體篆書之大成，也標誌著滿文篆書已臻成熟化。

滿文篆書以漢文篆書為基礎，並借鑑蒙文篆書而形成的一種別具風貌的藝術字體，其各種篆體的名稱仍為漢文名稱，計為三十二種：柳葉篆、彫蟲篆、玉簪篆、穗書篆、蝌蚪篆、龍爪篆、麟書篆、憤書篆、龍書篆、龜書篆、剪刀篆、芝英篆、瓔洛篆、奇字篆、垂露篆、殳篆、轉宿篆、金錯篆、大篆、小篆、懸針篆、鵠頭篆、鳥書篆、鐘鼎篆、垂雲篆、鳥跡篆、刻府篆、飛白篆、倒薤篆、方大篆、碧落篆、鸞鳳篆。各種篆書各具特點，有著特殊的美學情趣。

滿文書法留下的墨跡並不多，但也有少量的條幅、對聯、題記，等等。在《滿文老檔》《清實錄》等書中保留了從老滿文向新滿文過渡的痕跡，一些碑銘中也有不少以滿文刻寫，使我們從中能看到滿文書法的一些特點。它的書寫用筆多以漢文的篆書筆順而運筆，多用中鋒、藏鋒、方筆、圓筆，逆順筆健，骨氣丰韻，方圓絕妙，法度嚴謹。

清朝中期大量漢民移入本地以來，伯都訥地方的書法創作主要是漢字書法。從民國初年至二十世紀四〇年代，地方漢字書法代表人物主要是郝文濂，

滿族人漢字書法的代表人物是民間書畫家百森。

郝文濂善書法，曾任扶餘縣勸學所所長。郝氏的書法專攻《爨龍顏碑》體，楷、行皆長。其書法功力深厚，結構布局嚴謹，筆勢豐滿流暢。縣內寺廟、店鋪、學府等匾額多為郝氏題寫，比較有代表性的如「如來寺」山門題字。地方上後人習摹郝字者甚多，成為一個時期扶餘縣的一種書法文化現象，郝氏遺墨至今尚有人保留。

二十世紀三〇至七〇年代，伯都訥地方書法界名人還有已故的劉希良、陳海樓、邊文源、曹泮池、孫世昌、周星垣、孫鳳祥、楊柏生、張禎等。

二十世紀八〇年代以後到二十一世紀初，活動在扶餘書壇較有影響的主要有劉希章、劉培基、劉和玉、于泮江、廉世和、穆志剛、華玉清、李泓暉、曲慶波、戴雲龍、賈世國等人，都為寧江書壇的繁榮起到過承前啟後的作用。

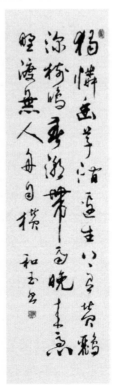

▲ 劉和玉書法作品　　▲ 付立書書法作品

黃河遠上白雲間一片孤城萬仞山羌笛何須怨楊柳春風不度玉門關遠上寒山石徑斜白雲生處有人家停車坐愛楓林晚霜葉紅於二月花 張喜輝

▲ 張喜輝書法作品　　　　　▲ 劉國才書法作品

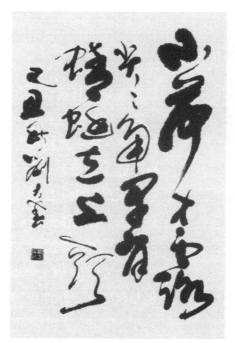

▲ 劉大春書法作品

▲ 王少穎書法作品

人與自然的對話
——伯都訥地方攝影藝術創作

伯都訥地方的攝影藝術，起源於人物肖像照相。照相技術傳入伯都訥地方後至二十世紀二〇年代，寧江區城區（老扶餘縣城）老城內有幾傢傧人照相館，從事商業室內照相。由於反動軍閥統治，民生艱難，很少有人照相，經營很不景氣。東北淪陷後，殖民經濟的侵入，使民族工商業日漸不堪，照相業的經營也極為艱難，加之攝影設備陳舊落後，因都是室內座機氣囊式相機照相，沒有外景攝像，一般都是嬰幼兒照、青年照、訂婚照，所以根本談不上攝影藝術的成就與發展。光復後，民族經濟渴望發展，但由於戰事頻仍，地方經濟恢復十分困難，攝影事業發展亦舉步維艱。

一九四六年二月，縣委和縣人民政府建立後，地方民族工商業得以很快復甦，城區內私人照相館漸有增多，經營情況也日見好轉。到一九四九年，縣城裡已有私人照相館八家，較為有名氣的有「索家照相館」「相家照相館」「張記照相館」等。這一時期，人們生活水平提高了，照相的人也多了起來。二十世紀五〇年代中期，縣城的幾家照相館合營為兩家公私合營照相館，在境內較

▲ 夕陽下的油井

大城鎮如三岔河、長春嶺、五家站、陶賴昭等地也都有了公私合營的照相館，從事商業照相活動。大家積極性很高，生意也更加興隆起來。照相的面也寬了，除嬰幼兒、畢業學生、訂婚、結婚的青年外，也有很多平民到照相館攝影留念。

▲ 油海晨曦

　　但這一時期，攝影技術仍然是室內定位照，只是後襯的人工繪製的布景換得多些。因為當時還沒有彩色照，為求新鮮好看，便由照相技術人員將洗出的照片手工水彩著色。到了二十世紀六〇年代中期，「扶餘照相館」開設室外（外景）攝影項目，多用的上海產一三五型、一二〇型方箱相機拍照，人們稱為「快匣子照」。像館櫥窗裡陳列有外景人物藝術照，形式新穎，景物真實，很受青年人的歡迎。

　　這些早期的攝影活動，嚴格來講還不能視其為攝影藝術創作。二十世紀六〇年代中後期以後，出於政治的需要，縣委、縣政府經常舉辦一些以各種圖片為重要內容的大型展覽，如「社會主義教育」展覽，「打倒新沙皇」展覽，「農業學大寨」「工業學大慶」展覽等。隨著籌展活動的進展，一批優秀的攝影師走出照相館，開始面向社會拍攝一些人們生產生活場景和參與政治活動的照片，同時也湧現出一批非專業的攝影工作者和攝影愛好者。這些人當中，成就比較突出的主要有索治中、程志學、張治中、來國珍、鄧鴻儒、周連達等。但他們當年的攝影作品都沒有得到保留。

　　二十世紀八〇年代前期，照相行業得以迅速發展，不少家庭也購置了照相機，自己家野遊時就自帶照相機、膠捲，自行拍攝。這種家庭生活照的普及，推動了攝影者對美的追求，構成了初期的真正意義上的攝影藝術創作。二十世

紀八〇年代中期以後，彩色攝影大行其時，機關單位和家庭自備相機空前普及，推動了民間攝影活動得以發展。攝影藝術活動真正開始從專業的照相商業行為中走向社會，成為大眾化的文化行為。

改革開放以後，地方攝影事業和攝影技術隨著現代科技的發展，攝影機械與設備發生了巨大的變化，照相設備快速更新換代，從手遙控到半自動，從半自動到全自動；以往的照相館也都鳥槍換炮，變成了「婚紗影樓」「藝術攝影」之類。照相機、攝像機走進尋常百姓家，攝影已成為人們生活中的一種不可或缺的文化需求，成為一門高雅的藝術，給人們文化和精神的享受。

在此期間，地方攝影藝術有了很大的發展，出現了許多攝影愛好者，創作出大量反映各項事業所取得的成果和各條戰線的英雄人物以及優美的自然風光等優秀作品。中國攝影家協會會員池文學的攝影作品多次在各類大賽中獲獎，其作品《拼》，一九八二年獲中國攝影家協會、石油部攝影聯展金獎、東北三省影展金獎，並參加盧森堡、羅馬尼亞、荷蘭、南斯拉夫、英國等國際沙龍攝影展；《時代先鋒》《你的事我知道》獲吉林省影展銀獎；《丹青慰晚年》登發在《中國民族畫刊》國外版。《堅定步伐》和《不可阻擋的力量》獲吉林省委、省政府頒發的獎金和證書，攝影者被列入《中國當代藝術界名人錄》。石占森有多幅作品出版在各類刊物上，其作品《暴風雨來到之前》，獲新華社「中國記者攝影展」一等獎。攝影愛好者劉利民有百餘幅作品在省級刊物上發表，其中《採油隊長》《家屬收油隊》《送光明的人》分獲《吉林日報》《工人日報》《中國婦女報》舉辦的影展二、三等獎。

▲ 龍舟賽——整裝待發

一九九一年六月，扶餘市成立了「新聞攝影家協會」，會員

有二十五人，他們是當時扶餘市攝影藝術的推動者，會員中成果顯著的主要有張偉勝、高鐵倫、胡宏等，都有多幅作品在省級影展中獲獎。扶餘市改為扶餘區後，該協會更名為扶餘區新聞攝影家協會。會員們的積極活動，為地方經濟發展、地域文化的傳播起到了重要的推動作用。會員們的攝影作品中，反映各方面成就的好作品很多，得到社會和民眾認可。近年來，由於攝影藝術作品常同書法、繪畫作品同台展出，使得人們對攝影藝術有了進一步的認識。有很多機關幹部、教師、學生受到感染，開始嘗試攝影創作活動。他們在攝影實踐中學習，在學習的基礎上提高，出現了很多優秀作品，如馬英南、劉玉忱、夏遠彬、王志平、王德斌、薛兆陽、張彥偉、李華玉、王井雙、雷志遠、王志軍、張明傑、孫凱斌、范秀芳、王勝臣等人的作品，創意奇巧，取材廣泛，同廣大專業攝影人員一起，成為寧江區攝影藝術作品創作的主流，為寧江區的攝影藝術創作的跨越式發展起到推波助瀾的作用。

二〇〇七年五月，寧江區的一批攝影愛好者組織成立了「吉林省伯都訥攝影家協會」。會員來自寧江區的行政機關、企事業單位和部分松原市直機關、吉林油田，以及個體業戶，有會員一百多人。協會成立以來，成功舉辦「遼金故里·夢幻松江端午節攝影大賽」等多項活動。

▲ 秋色鴿韻

▲ 松江夜色

▲ 寧江城市夜景

▲ 多彩寧江

▲ 扶餘廣場

古樸與奔放共存的滿族繪畫

　　滿族認為祖宗（先祖）是神靈的轉化，可保佑家族的平安。在滿族的祭祀中最注重的是祭祖（家祭）。因為滿族文字形成較晚，所以供奉祖宗匣裡不是有文字的譜書和冊集，而是用鹿皮剪成的皮條。一輩哥幾個繫幾個繩結，一大串是一輩人，這是漁獵民族最早的結繩記事遺跡。後來也有用布條、綾條的。這些代表祖宗的繩條收藏在祖宗匣裡，供奉在置於西屋西牆的祖宗板上。

　　滿族同漢民族的文化融合，使他們感覺到漢文字的精闊、簡捷，很多滿族人看到漢族家譜、族書有文字有畫像後，也開始給祖宗畫像、寫譜書。清朝的歷代皇帝都有畫像，受皇封的滿族文臣武將家中也有祖宗畫像。到後來，所有的滿族文武官吏家和一些旺族大戶的滿族人家也都為祖宗畫像，敬仰供奉，以求保佑太平。

　　滿族人家的祖宗畫像，多為正面端坐。畫在白棉線布上，採用國畫線描的手法，用墨線勾勒、重彩著色，濃豔明快，喜用白、藍、黃色為基調，線條粗獷奔放，不失民族風格。

　　薩滿在祭祀時，神物用品很多，有神桿、神鼓、神像等，服飾和配飾用品有神衣、神帽、神仗、神劍等。這些用品上都有繪製的圖案，皆為滿族的民族繪畫形式。滿族先人出獵時，皮口袋裡裝有木頭雕刻的神偶（神像）或繪製的「打圍神像」。狩獵時要多人結夥而行，見到獵物，人員散開，圍成大圈，將野獸包抄在裡面而殲之，俗稱「打圍」。在畫像中，構思單純、質樸，畫面對稱、線條流暢，無頓挫、無虛實之分。薩滿居住屋都是以西邊為首，房西豎有三米多高的

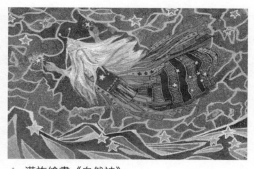

▲ 滿族繪畫《自然神》

三根木桿，稱為神桿，中間高的木桿上端有用木刻的鳩神，桿面上畫有各種動物，其造型和種類都與畫在獸皮、魚皮上的圖案相似，有蛇、蛤蟆、龜、四足蛇，等等。畫法是墨線勾描，重彩添色，色彩單調，樸拙明快，體現出易看易懂的民族民俗繪畫表達手法。滿族人的薩滿是神的象徵，被氏族成員視為活著的神、通天的神。薩滿的神衣是神聖之物，上面繪製的圖案是非常神祕的，

▲ 滿族繪畫《太陽神》

多為圖騰崇拜。神衣上的圖案是縫繫在衣上的，它的做法是將製好的獸皮或魚皮染上黑色或紅色（滿人崇尚白色，視白色吉祥，黑色神祕，紅色凶殘），再將畫好的圖樣描在皮子上，按圖案邊剪下來，縫嵌在神衣上。

滿族人生了男孩，姥姥家要給買悠車（民間也稱搖車），這是古老的習俗，延續至二十世紀六〇至七〇年代，此俗也傳入本地的漢族人中，成為地方民俗。悠車一般都是懸在屋內離地面有一點五米左右的地方，以母親餵奶高度適合即可。小孩睡時用布帶縛好，輕推搖車往來盪之。搖車是用薄木削板，兩

▲ 蘇中孝作品《松鷹圖》

頭圍成半圓形，微窄而仰，中腰微寬。搖車表面是漆繪圖案，先用紅漆塗底子，然後畫線描，多為花鳥，如牡丹、梅花、風竹、喜鵲等以示喜慶、吉祥。四邊是「萬」字連續花邊，中間配寫文字榮華富貴、福祿壽禧、長命百歲、連生貴子等吉祥話。圖案著色較為豔麗奪目，民間俗稱大五色（紅、黃、藍、白、黑），對比強烈，線條粗放，造型古樸。搖車上的重彩繪畫，從形式和內容均受漢文化的影響，但在繪畫表現手法上還是透出獨特的滿族民間繪畫和工藝特點。

滿族人的炕櫃是結婚的陪嫁品，要求畫得喜慶吉祥。畫法和程序同搖車近似，但它的圖案寓意更深，正面四個櫃門繪四個代表圖樣，可組成一句吉祥話。如畫四時花瓶稱「四季平安」，繪蝙蝠繞壽字而飛稱「福壽綿長」，畫有松樹和仙鶴稱「松鶴延年」等。炕櫃專用於盛裝新媳婦的貴重衣物等，所以圖案要畫得鮮明精細，色彩渾厚，透出濃濃的文化內涵和民族性，是具有代表性的民間工藝品。

坦箱是滿族人日常生活用品，亦稱板櫃，俗稱大木板箱子，可裝雜物和糧食等。箱面用漆塗後畫有彩繪圖案，手法同炕櫃一樣，只是圖案簡單，多為「卐」字盤纏，蟠草圖案畫周邊，中間畫大五色牡丹花等，象徵著富貴久長。圖案大方明快，筆觸簡單，線條奔放，不拘謹，透著濃厚的鄉土氣息和民族特點。

新中國成立後，美術創作受到重視，領域得到拓寬，國畫、油畫、版畫、

水粉畫、水彩畫以及民間繪畫異彩紛呈，繪畫水平也有了大幅度提高。比較有成就的畫家有百森、王慶淮等。寧江區繼早年成名的畫家百森、王慶淮之後，又相繼成長起一批新人（含吉林油田美術工作者）如王大為、盧志學、於志學、鄭武、韓程遠、曹士成、閻洪波、百強、苗根源、韓毓麟、楊貴、楊光申、吳盈、李玉章、張禎、李雅茹、石玉琛、張治中、韓永德、宗德勤、韓光烈、劉長順、馬永太、戴成有、曹文漢、白文中、韓榮吉、王中奇、華玉清、黃志剛、趙昕，王紅聲、齊春梅、李景奎等人。這一批批畫壇新秀美術創作屢創佳績，在推動地方美術事業的發展中，起到了重要作用。

▲ 武田作品《富貴吉祥》

▲ 宗德勤作品《田園情》

優美與雄健兼具的工藝美術

　　伯都訥地方工藝美術，基本上保留了滿族工藝美術浪漫與雄健的藝術風格。具體表現在剪紙、刺繡、絮彩和雕塑等方面。

滿族剪紙

　　據有關資料考證，滿族民間剪紙始於明末。女真人自己造紙始於皇太極時期（1592年至1643年），女真人稱為「豁山」。人們就地取材，土法生產，造出的紙張質地粗糙，是滿族剪紙的主要材料。有時，女真人也用馬匹、人參、貂皮等同明朝或朝鮮換取紙張，也成為剪紙用的補充材料。

　　滿族民間剪紙起源於巫術，因滿人的原始宗教信仰是薩滿教。薩滿教認為萬物皆有靈，不但對天地、宇宙的現象予以崇拜，就是對生活中有密切相關的一些動物、植物都可以為是神，同時認為祖先也是神。這種崇拜在社會生活中占有重要地位。薩滿也需要突出、強化其形象，也需要將祭禮裝點得肅穆、神祕、莊嚴，擴大影響。這樣，有些民間藝術也為巫術服務，薩滿剪紙也與薩滿

▲ 伯都訥地方剪紙

▲ 伯都訥地方剪紙

教有著不解之緣。

在諸多神靈中，對嬤嬤神更為崇敬。因嬤嬤神管事特別多，有管子孫繁衍的，有管兒女結婚的，有管進山不迷路的，等等。所以孩子們有剪「嬤嬤人」的遊戲，剪的嬤嬤人都是正面站立，兩手下垂，五指張開，五官是陰刻，鼻子是三角形，其服飾都是滿族裝束。有的也將嬤嬤人剪成前後兩片，可坐可立。頭部單剪，有個長脖子可以插到衣服裡，男人有個小辮可折到後面，這些都是典型巫神文化的遺跡。剪技粗獷、樸實，極具民族風格。滿族的先人們生活在林海雪原中，狩獵、林木、動物都是他們創作的來源。滿族民間剪紙至今也有許多反映薩滿祭祀活動的，但已不再是巫術和迷信，而成了反映滿族生活習俗的珍貴藝術品和收藏品。

滿族民間刺繡

滿族群眾是在學會植棉、養蠶、織錦緞後才學刺繡的，女真人的民間刺繡是在明代開始的，至今有四百餘年，最早見於汗王及文武官員衣服上刺繡，後來傳入民間。女真人和明朝的漢族人不斷往來，中原文化不斷融入，滿人的刺繡工藝也不斷提高，逐漸地形成了兼具漢族和自己民族風格的刺繡。繡品主要有枕頭頂、服飾、幔帳和配飾上的刺繡。

▲ 滿族民間刺繡

▲ 伯都訥地方刺繡

滿族枕頭頂繡品是滿族刺繡的精彩部分，形式多樣，題材廣泛，繡工精湛，傳世較多。歷代人們對枕頭的裝飾就獨有特色，隋唐時就有瓷枕。宋代瓷枕多樣多形，上刻有各類圖案加以裝飾。到清代，布縫枕頭樣式繁多，圓、方、六面、八面，以及耳枕等。布縫枕頭上面的刺繡，主要體現在方、圓形枕頭的枕頭頂，枕頂刺繡的圖案很多，繡品題材廣泛，常見的主要有花鳥魚蟲、歷史人物、山水樓閣、盤長圖案、故事傳說等。特別是一些枕頭頂繡的圖騰崇拜和傳說，具有鮮明的民族性和地域性。

滿族的服飾可分官服和民服兩大類。繡品也同樣分官服繡、民服繡兩種，民間服飾繡衣、裙、褲、鞋等。繡時，線條較粗獷，自然大方。官服要精細用心，龍袍、官袍及補子等要按文武品級繡。

幔帳刺繡也很為講究。幔帳俗稱幔子，是滿族人家必備的陳設，也是姑娘陪嫁品，是別具民族特色的刺繡工藝品。幔帳的產生，是同天氣寒冷分不開的。全家人同居一室，不同代人特別是新婚夫婦，同父母及其他家人分住南北炕。對面炕要掛幔帳，白天拉開，晚上摺下。幔帳上面軸穗是白綢緞的，上面的刺繡一般都是姑娘出嫁前自己繡製，多為「鳳穿牡丹」「喜鵲登梅」「鹿鶴同春」「福、祿、壽、喜」等喜慶吉祥圖案，色彩豔麗，繡工精巧、細膩，是極具滿族民間風格的工藝美術品。

舊時，滿族女人的飾品很多，主要有荷包、手絹、團扇、錢包、煙荷包等物。這些繡品多以花鳥為主，圖案鮮明，設色時而淡雅、時而豔麗，表現出繡者的才華與手藝，也是比較有代表性的民間刺繡工藝品。

民間紮彩

　　民間紮彩所需的材料極為簡單
自然。在紮製骨架（結構架）時分
為大架子、中小架子。大骨架子多
用竹劈子（大竹條）細鐵絲紮製，
中小架子用白蒿桿和細網線紮製。
糊裱骨架時多用二簾紙做底，上面
是白紙。二簾紙多用亂麻、繩頭、

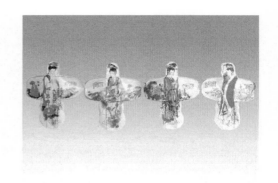

▲ 伯都訥地方紮彩

葦漿綽製而成，纖維多，黏糊結實。裱糊乾後用原色（大五色）紅、黃、藍、
白、黑繪製，有時也用描金等手法。

　　滿族民間紮彩基本分為喜慶娛樂品、風箏、玩具、祭品等類別。

　　喜慶娛樂品主要有龍燈、獅子、竹馬等。龍燈：分為九把桿、十二把桿、

▲ 伯都訥地方紮彩

十五把桿等，桿距最短二點五米左右，總長約三十米。獅子：一般要獅是一對，也有五獅一起要的，即為公母獅加上三個幼獅為一組。竹馬：包括縣官騎馬，王小趕驢等。此外還有二人摔跤、老漢背妻、八仙過海，以及秧歌隊伍中的動物造型，如烏龜精、蛤蚌精、蝦精、蟹精，「西遊記」「三國」人物的臉譜（面具）等。

滿族民間紮彩藝術，很具有民族性，造型粗獷、設色豔麗、色相單一，粗獷大方中見工細，描繪粉彩中見神韻。紮彩製品設色很有民族特點。如滿族紮製的龍燈，龍頭、蜈蚣、麒麟等動物身上的鱗片和頭部用色基本是以青（藍）色為主。以青色逐色層變化，由淺到深襯出鱗片的立體效果，再用濃墨勾線，墨深多處用金色描之，整體的龍、麒麟等都是形成了青色，借意為「大清吉祥」。在人物風箏的設色中也多為青色或以清代的服飾為主，如「和合二仙」穿的衣服，多為青（藍）色，黑領，淺藍條子邊，腰繫淺藍腰帶，很有滿人服飾特點和設色。風箏的人物畫的開臉（畫眉眼），也都是滿人形象和衣冠特徵。尤以放飛的蝴蝶風箏更有特點，是黑色的基調色，從翅膀內向外層層烘染的孔雀藍，飄在空中，栩栩如生。飄飛的蝴蝶與眾不同，有如深藍色的精靈在天空飄逸，很有神祕感。

滿族民間雕塑

▲ 雕塑作品

以資料記載，最早可追溯到渤海時期，由於受中原唐朝文化的影響，反映在雕塑藝術上，渤海雕塑藝術的風格、技法、造型上，大體都與唐代雕塑有相同之處。但在具體人物形象和衣紋服飾上，還

是流露出地方民族的個性和特徵。

　　金代石雕受漢族文化影響，有一定的寫實性，人物造型和服飾具有民族性。女真雕塑藝術傳至清代，藝術形象和技法有更進一步發的發展。清福陵和昭陵等帝后陵寢的石人、石獸，均用整塊石料雕成，形象生動、雄偉壯觀。雕塑採用了寫實和誇張並存的手法，比例合理，形神兼備，給人渾厚穩重之感。

▲ 雕塑作品

▲ 雕刻《鯤魚貢》

　　在清宮廷中，也盛行「泥捏塑像」。這種塑像，不但神態栩栩如生，而且表現衣紋等細處的真實感更是淋漓盡致，充分表現出匠師雕塑技藝的精湛與成熟。這種雜糅滿漢民族雕塑特點的雕塑技法，迅速傳遍各地。在伯都訥地方，雕塑藝術的精湛與成熟，集中表現在清朝時期先後興建的八十餘座廟宇的佛像、神像的雕塑上。

　　辛亥革命後，西方文化藝術的引進，對民族雕塑藝術的發展產生了很大影響。雕塑的題材也從原來只限於廟宇、宮殿而逐漸發展到生活中抒情雕塑小品、室內裝飾上來，打破了很多傳統俗套，力求為現實服務，漸與其他工藝美術融為一體。尤其是新中國成立後，國家飛速發展，人民生活水準不斷提高，城建快速發展，雕塑藝術隨時代而動，雕塑藝術發展的重點，迅速轉移到為城鄉建設和園林設計服務上來。在伯都訥地方，目前比較有代表性的雕塑藝術作品，除各個公園、廣場的特色雕塑外，大多集中在龍華園，園中的人物、歷史典故等多組雕塑，反映了民間雕塑藝術與當代雕塑藝術相結合的藝術特點。而繼承傳統佛像、神像雕塑的作品，則集中在龍華寺，佛像肅穆莊嚴、神像飄逸灑脫，特別是大雄寶殿東西兩壁及北壁內側的一二五〇尊羅漢群雕，千姿百態、神采各異。該羅漢群雕共占牆壁面積四一〇平方米，場面之宏大、技藝之精湛，堪為罕見的藝術傑作。

第六章 ──

文化風俗

伯都訥民俗文化是伯都訥地域文化的重要組成部分。由伯都訥地方的民間信仰、節日風俗、民間禮儀、民族傳統服飾和特色飲食以及民間體育、遊藝文化等形成的文化現象，形成了伯都訥地方的民俗文化集合。這些具有普遍性和傳承性的源於民間的民俗文化，異彩紛呈，以濃厚淳樸的民族化、大眾化品格，集中地體現著伯都訥文化厚重的民風底蘊和強烈的地域文化特徵。

民間文學

人類最早的文學形式，是產生於上古時期流傳在人們口頭的民間文學。各民族都有本民族的民間文學。民間文學領域，包括上古神話、歌謠、英雄史詩、敘事長詩、傳說故事等形式。其中滿族及其先世的上古時代的古老而珍奇的神話傳說、蒼莽而樸直的英雄史詩、膾炙人口的敘事長詩、直抒胸臆的古樸歌謠，尤其是雄健而典雅的詩詞成果最為眾多。

神話傳說

滿族先祖是三千多年前的東北四大族系之一的肅慎，這個民族接續下去更名為挹婁、勿吉、靺鞨、女真、滿洲，直至滿族。追溯滿族漫長的歷史，我們發現有許多古老而珍奇的神話。其中比較有代表性的主要有神話傳說《三天女浴躬》《女真始祖函普的傳說》《金太祖阿骨打的傳說》等。

歷史傳說

與伯都訥有關的歷史傳說很多，經過王維憲等人蒐集和整理，主要有《東明建扶餘國的傳說》《遼太祖病死扶餘府的傳說》《阿骨打頭魚宴受辱決意反遼》等二十篇。

民俗傳說

一九三九年印行的《吉林鄉土志》第二部分「鄉土傳說之神話」中，收錄了吉林省各地的民俗傳說故事，其中有關扶餘縣（指老扶餘縣，含現在的寧江區）的有《伯都訥古城》《珠山村明燈》《五家站關帝顯聖》等十六篇。

民間故事

《吉林鄉土志》第三部分「鄉先賢軼聞遺事」中，所載人物遺事有《扶餘街瑚圖禮》《雅達虹屯趙廣》《大窪村錢節婦》《榆樹溝村李鳳亭》等二十一則。

諸宮調

諸宮調是行於宋、金、元並繁榮於金代的一種民間說唱文學樣式。它取同一宮調（指樂曲的音調）的若干曲牌聯成短套，首尾一韻，再用不同宮調的許多短套連成長篇，以說唱長篇故事。因此稱為「諸宮調」或「諸般宮調」。金代的諸宮調作品，今存《劉知遠諸宮調》和《西廂記諸宮調》等。這些「諸宮調」在東北滿族聚居地流傳甚廣，扶餘地方廣大農村直至東北淪陷時期，乃至解放初期，仍有名為《劉知遠傳》《大西廂》《鶯鶯傳》的宮調小唱本在民間傳閱和演唱。

民間歌謠

民謠，即在民間廣為傳唱的歌謠，伯都訥地方現在能收集到的一些歌謠包括童謠、傳統民謠、新民謠和少數民族歌謠，為數並不太多。這些歌謠大多屬於健康向上的，如民謠《莊稼忙》《蹉跎到老》，滿族民謠《八角鼓》《秫秸葉》，童謠《大公雞》等；但也有些童謠大多是一首歌謠中沒有聯貫統一的內容、無明確思想的順口溜，如《拉大鋸》《小耗子》《雞蛋車車》等，似乎就僅僅是為了教習幼兒說話的「詞語集群」；當然，也不乏濃厚政治色彩的民謠，如東北淪陷時期流行的罵漢奸的歌謠《警察是個溜門狗》等。

解放以後，人們的文化生活日漸豐富，各個時期的流行歌曲廣為流傳，民間的新歌謠和新的童謠流傳不多。儘管有些民間人士也編過一些歌謠、童謠，但始終未能如舊時那樣傳開，歌謠的這塊領地便一直讓給了流行歌曲。二十世紀七〇年代至八〇年代以來，也曾不時地有一些「灰色」的歌謠問世，但大多帶有一些極端色彩，不能作為真正的民謠，故也均未得到更廣泛的流傳。

民謠（包括童謠）的語言一般都是大眾語言，直白好懂，而且歌謠都大體上合轍押韻，好讀好記。

秧歌文化

　　寧江地方的秧歌文化，主要有東北大秧歌、滿族秧歌以及耍龍燈、舞獅、跑旱船及二人摔跤等。

▲ 秧歌

東北大秧歌

　　民間秧歌中，最為盛行城鄉的是東北大秧歌，民間簡稱大秧歌，一般泛指高蹺秧歌，由來已久。大秧歌演出多在春節期間舉辦，一般從正月初一至初五和正月十五的元宵節日。舊時代的秧歌隊多是民辦，有城鄉群眾自發組織，並成為民間的傳統習俗。傳統秧歌中的人物，多扮演著名戲曲中的人物，如常見的《白蛇傳》《西遊記》等劇目中的人物；也有扮闊大爺、小老媽和傻柱子演「老媽開嗙」的；還有「瞎子觀燈」「採茶撲蝶」等扮相多樣。舊時代的秧歌，

▲ 東北大秧歌

在表演形式上多是「踩街」，但每到十字街口、廣場或大戶人家門前則打圓場、走隊或演唱秧歌帽。唱詞內容有的是傳統老調，有的是根據不同對象、情景，即興現掛的，皆為吉祥祝語。

滿族秧歌

舊時，在伯都訥地方的滿族秧歌是居於此地的滿族人、自願參與活動的其他族人節日慶祝的一種民間娛樂形式。滿族秧歌與東北大秧歌的區別，主要在於人物扮相、舞蹈形式和動作，以及多以地秧歌（不踩高蹺）為主。滿族秧歌舞隊的人數一般有六七十人，人物扮相戲曲人物，有很多是漢族秧歌的特徵，但不同點是多體現滿族風情。一是戲曲人物的著裝與漢族秧歌戲曲人物皆為明代裝束不同，多為清代裝束；二是舞蹈動作上，表演者扭起來雙臂扭動幅度較

大，腰部轉動靈活，下裝（男）的步法多為「弓箭步」「大別步」和「蹲襠步」，反映了滿族喜騎射的生活特點。三是特殊設置的人物，秧歌舞隊中有一個扮飾滿清官員的「大老爺」，還有一個反穿皮襖、身挎串鈴、手持「馬鞭」的「二老爺」（又稱「克里吐」，滿語怪獸的意思），呈丑相，動作是在舞隊中前後亂竄，時而揮鞭督場。

滿族秧歌講究以禮相待，每當正月各村的秧歌路遇時，必須互相施見面禮。由「大老爺」出面施碰肩禮，三次互相碰肩，這是典型的滿族禮節。

耍龍燈

新春佳節，伯都訥地方有「耍龍燈」的習慣。「耍龍燈」也叫「舞龍」，又稱「龍燈舞」，是流行於全國各地的一種民間舞蹈。

在伯都訥新城，春節耍龍燈的習俗由來已久。舊時，只是春節或大型廟會有龍燈表演。解放以後，凡有大型慶祝活動，有秧歌表演，即有龍燈，人們舞起用竹篾、鐵線結紮、外蒙裹繪有鱗片的綢緞或布匹製作的彩龍取樂，表現歡快的心情。多年來，經過民間藝人不斷加工製造，耍龍燈已發展成為松原地方

▲ 耍龍燈

一種形式完美、具有相當表演技巧和帶有浪漫主義色彩的民間舞蹈藝術。

在耍法上，較常見的動作有：蛟龍漫遊、龍頭鑽襠子（穿花）、頭尾齊鑽，龍擺尾和蛇蛻皮等。耍龍中，不論表演哪種花樣動作，表演者都得用碎步起跑。

舞獅

舞獅是中國優秀的民間藝術，每逢元宵佳節或集會慶典，民間都以舞獅前來助興。這一習俗在中原起源於三國時期，南北朝時開始流行，後傳至東北，至今已有一千多年的歷史。

中國的舞獅分為南獅和北獅兩派。伯都訥地方的舞獅屬於北獅的造型，酷似真獅，獅頭較為簡單，全身披金黃色獸毛。每頭獅子由二人合演，舞獅者的褲子、鞋都要披毛，惟妙惟肖。獅頭上有紅結者為雄獅，有綠結者為雌獅。北獅表現靈活的動作，與南獅著重威猛不同。舞動則是以撲、跌、翻、滾、跳躍、擦癢等動作為主。一般是雌雄成對出現，有時一對北獅會配一對（或一隻）小北獅，小獅一般只由一人扮演。北獅表演配樂以京鈸、京鑼、京鼓為主。

▲ 舞獅

二人摔跤

　　二人摔跤亦稱二人摔，是由一個人同時表演兩個人的動作。在表演時，表演者穿上道具，將道具牢牢地綁在背上。在道具圍子的隱藏下，以雙臂雙腿模擬二人摔跤動作，以推、拉、抱、掄、轉、滾、翻、摔、掃、踢、擋、下絆、托舉等摔跤技巧，互相扭摔，並做出許多滑稽、幽默、逼真的摔跤動作。其中難度最大的有「枯藤纏樹」「鷂子翻身」「就地十八滾」等傳統絕技。表演中，還伴有鑼鼓點，增加氣氛。

▲ 摔跤

旱船

　　民間表演藝術形式之一，是一種模擬水中行船的民間舞蹈。逢年過節，境內各地都流行這種舞蹈表演。「旱船」是依照船的外觀形狀製成的木架子。在這種船形木架周圍，圍綴上繪有海藍色水紋的棉布裙。在船的上面裝飾以紅綢、紙花，有的地方還裝有綵燈、明鏡和其他裝飾物，使其豔麗華美。

　　二十世紀五〇年代至六〇年代，又由「旱船」派生出相似的舞蹈「老漢推車」，原來的船型變成車型，畫水紋的裝飾裙改畫車輪，後加推桿，由一男性表演者扮老漢，持桿作推車狀。二人協調配合，隨鑼鼓點翩翩起舞。

▍民間遊藝

　　民間的健身遊藝活動很多，常見的主要有踢毽子、歘嘎拉哈、踢口袋、盪鞦韆等。

踢毽子

　　踢毽子遊戲起源於漢代，盛行於南北朝和隋唐，已有兩千多年的歷史。松原地方的踢毽子活動源於中原漢族，是深受青少年尤其是女孩子喜愛的一種體育活動。踢毽子的場地比較簡單，在室內、室外均可進行，不受限制，只要平坦即可活動。踢毽子的基本動作主要有盤、拐、磕、蹦四種。盤，即用腳內側交踢，俗稱「盤毽子」；拐，即用肢外側反踢，習稱「打拐拐腳」；磕，用膝蓋將毽子向上彈起；蹦，用腳尖踢毽。除此外，還有很多其他的踢法。

▲ 踢毽子

踢毽子比賽有單人賽與集體賽。單人賽以每人踢毽的次數多少判定勝負；集體賽按個人技術高低分組，以總踢次數多少判定輸贏。技藝高超者可連踢數千次而毽不落地。另有一種團踢，即一群人共踢一毽。一人拾毽，一人踢毽，踢出後，眾人搶接，接到者踢毽；踢漏或被拾毽人接到，即由原踢毽者為原拾毽者拾毽。

嘎拉哈遊戲

嘎拉哈遊戲是北方民族的一種文化現象。嘎拉哈就是動物的拐踝骨，嘎拉哈是滿、錫伯、鄂溫克語音譯，指動物的拐踝骨。在松原地方，作為一種傳統民間文體遊戲，其玩法較多。一是彈嘎拉哈。先將嘎拉哈按人數均分，按規則以食指彈之。彈者將大家出的嘎拉哈撒出，選任意一子為「頭」，向另一個面紋相同的子兒彈擊，命中即贏回；不中或碰到其他子兒以及彈錯、撿錯或無對可彈時，則輪到下一人重新撒、彈，彈完最後一對者為勝。二是欻（chuā）嘎拉哈，參加者多為少女、少婦。有欻單、欻雙、單裹、雙裹等名目。欻嘎拉哈時，扔出碼頭（銅錢串或小布口袋），快速抓出面紋相同的子兒後，再接住碼頭。欻錯或接不住，則由下一人接著欻。以抓得多者為贏。還有擲嘎拉哈、捉嘎拉哈、猜嘎拉哈等玩法。

盪鞦韆

鞦韆的起源，可追溯到幾十萬年前的上古時代。盪鞦韆是朝鮮族婦女喜愛的民間遊戲，每逢節日聚會，在朝鮮族聚居地，身穿鮮豔民族服裝的朝鮮族婦女，便聚集在大樹下，或鞦韆架旁，在人們的歡呼、叫好聲中盪起鞦韆。朝鮮族婦女盪的鞦韆，不僅高，而且還很飄，有的鞦韆幾乎都盪平。盪鞦韆比賽分為單人和雙人兩種。比賽優勝者的評比方法，有的是以樹梢或樹花為目標，看誰能咬到或踢到；有的是在高處掛一個銅鈴，看誰能碰響。具體的比賽方法各地也不盡相同，但有個共同點，那就是都以高度作為決定勝負的標準。現在有些地方在鞦韆蹬板下繫一個標有尺寸的繩子，以此來測量高度，決定勝負。

傳統少兒遊戲

傳統的少兒遊戲在本地主要有兩類，一類為有器具遊戲，如打嘎兒、彈琉琉兒、跳皮筋兒、扇畫片、打穿等活動；另一類為無器具遊戲，如「拉拉雨兒」、撞拐、騎馬戰、賣鎖等。

打嘎兒

「嘎（gá）兒」是一塊小而結實的橢圓形木塊，被削成兩頭尖的樣子。打嘎兒是男孩子的遊戲，擊打嘎兒的用具是一塊下窄上寬的木板，手握窄端。玩時，須找一片很寬敞空闊的場地，將嘎兒放在地上起點處，操板者用板子一側狠剁嘎兒的末端，嘎兒會飛起來，這時必須手疾眼快，用木板將飛起來的嘎兒用力擊出，遠者勝。打嘎兒是種比較危險的遊戲，一定得小心，防止傷人或打破玻璃。此項運動在二十世紀五〇年代至六〇年代在少年兒童中很為流行。

彈琉琉兒

琉琉兒，一種內有彩色花紋的小玻璃球，彈琉琉兒一般為男孩子的遊戲。參加者兩人，或兩人以上。遊戲者手持琉琉兒，用拇指彈出，撞擊對方在場地上的琉琉兒，擊不中者，改由對方彈擊。擊中者為勝，並贏得被擊中的琉琉兒。

▲ 彈琉琉兒

跳格

跳格，一般為女孩子的遊戲，參加者二人以上，或多人編組。在場地上按規定畫出若干方格，遊戲者將內置米粒或細沙石的小布口袋在放第一格中，單

腿跳動，將小布袋依序踢進其他方格，踢錯或未動為輸，換下家或另一組來跳踢，最先將小布袋踢入頂格者為勝。

▲ 跳格

跳皮筋兒

　　跳皮筋兒，一般為女孩子的遊戲，參加者三人以上。首先由兩人將繫成套形的皮筋兒套在腳脖上，拉開適當距離，稱為抻筋兒。另外的遊戲者依次或單人或編組到皮筋兒上按規則跳動，大家邊跳邊唸誦一些流行的童謠。一首童謠未完時跳者絆筋兒或踩筋兒，下來替換抻筋兒者，重新開始；如果跳者跳完一首童謠，那麼皮筋兒高度將由踝骨升至膝蓋，跳第二首童謠，如此反覆，皮筋兒一次次升高，直至高過頭頂（雙手高舉）。以能跳完最高的皮筋兒為勝。

▲ 跳皮筋

扇畫片

　　畫片是一種直徑約三至四釐米繪有各種人物圖案的硬紙板。扇畫片是一種興起於二十世紀五〇年代至六〇年代的兒童遊戲，遊戲者用自己的畫片去扇對方放在場地上的畫片，以能翻過來為勝。

　　此外，器具遊戲還有踢口袋、打界（遊戲器具均為5-10釐米大小的內裝米粒的小布袋），打穿（遊戲器具為秫秸、葵花秸等），尅扎、梃落子、踢馬掌、擲杏核、丟手絹兒等少兒遊戲項目。

無器具遊戲

　　主要有拉拉雨兒（也叫老鷹抓小雞）、撞拐（搬起一條腿，單腿繃著撞膝蓋，搬著的腿不落地為贏）、騎馬戰（分雙人騎、單人騎、坐轎子等多種形式，兩伙騎士互相撕扯，以將對方拉下「馬」為贏）等遊戲項目。

▲「老鷹捉小雞」遊戲

民間體育

本地流傳的民間體育活動，古代有民間馬球，名為擊鞠，現已失傳；流傳下來的有摔跤、射箭、抽冰猴兒、溜冰車、雪地走、民間足球和放風箏等。

擊鞠（民間馬球）

「擊鞠」即馬球運動，是一種歷史久遠而又影響較深的體育項目。馬球運動在中國古代相當活躍。早在唐代，馬球即已傳入渤海，後來在契丹、女真、滿族中也都很盛行。元滅金以後，蒙古族人也繼承了愛好擊鞠的傳統。擊鞠成為滿族、蒙古族等民族喜愛的傳統體育項目之一。其規則有兩種：一種是單門比賽，參賽者分為兩隊，每隊的隊員都騎著自己的馬匹，手裡拿著數尺長的木棍，棍下端呈偃月的彎曲形。球場南面設立球門，用兩棍夾著木板而成，木板下開一個孔，孔下加上網稱為囊。兩隊相互追擊一球，能奪得球並打入囊者為勝。另一種是雙門比賽，在球場兩端設立有兩個球門，兩隊相互攻擊防守，一方面不讓對方進球，另一方面還要相互配合，把球盡量擊入對方門裡。以球擊入門者為勝。

伯都訥地方沒有開展現代馬球運動，馬球運動在本地已經絕跡。

摔跤

古時稱摔跤為角抵，在中國已有數千年的歷史。中國式摔跤，是以契丹、蒙古族形式為主，經過滿族的改進、提高而流傳下來的。

滿族的角抵，又稱「布庫」，也叫「善撲」「攢跤」「爭跤」，早在清入關前即已盛行。寧江地方的滿族人由於散居於漢、蒙各民族間無聚居地而使此項活動漸衰。

境內的錫伯族兒童和青少年都喜歡摔跤運動。有支跤、搶跤和抱後腰摔等多種摔跤法。

射箭

舊時，騎射是蒙古族、滿族、錫伯族等民族全民所喜愛的體育活動項目。蒙古人、錫伯人自幼生活在鞍馬之間，精於騎射。一般大型騎射比賽，參加者多時達百餘人，中型有約二十至三十人，小型的也有十至二十人。清亡後，隨著時代的前進，弓箭雖退出了軍事舞台，但是射箭作為體育活動卻增添了民族體育運動的色彩，射箭成為蒙古、錫伯、滿族人顯示武功、鍛鍊身體的重要體育項目。

冰上（雪地）運動

抽冰猴兒

一種冰上遊戲，冰猴兒也叫冰嘎兒，又稱「陀螺」，木製圓形，一般拳頭大小，上平下尖，中間有一圈凹刻，尖端處嵌一鐵珠。玩時，將小鞭的鞭繩纏繞在凹刻處，放在冰上一甩，陀螺飛轉，再用鞭子不斷地抽打，陀螺便不斷地飛轉。有的在上面黏貼五顏六色的圖案紙，轉起來則令人眼花繚亂。

溜冰車

「溜冰車」即玩爬犁，也是滿族傳統的冰上體育運動。冰車是用木頭製成的小爬犁，在下面加上鐵條。人既可以坐在上面，又可以蹲坐在上面，還可以站在上面。一個人玩或幾個人玩均可。一般是一個人蹲在上面，雙手握著「冰扦子」撐動前進；也有的將冰車放在坡上藉著慣力往下衝行；還有的坐二人以上由人拖著在冰上奔跑。

民間溜冰活動，舊時散見於江湖泡沼以及水坑、井旁的冰面。二十世紀六〇年代興起人工澆凍冰面，開展活動。八〇年代以後，城區公園的人工湖上、沿江冰面專闢溜冰車場地，並備有各種鐵製的冰車，供青少年溜冰活動。

雪地走

「雪地走」起源於古代，是滿族婦女喜歡的一項雪上運動。降雪後，滿族婦女在雪地裡比賽行走，比賽時要穿「寸子鞋」，鞋底墊起的高度不低於十釐

米，既要掌握身體平衡和競走技能，又要有一定的速度。看誰的速度快，還要不濕鞋。後來漸漸地演變為民間「雪地走」體育活動。

其他民間體育活動

放風箏

　　風箏為中國人發明，源於春秋時代。據古書記載：「五代李鄭於宮中作紙鳶，引線乘風為戲，後於鳶首以竹為笛，使風入竹，聲如箏鳴，故名風箏。」故而不能發出聲音的叫「紙鳶」，能發出聲音的叫「風箏」。風箏，多寓吉祥，如「福壽雙全」「龍鳳呈祥」「百蝶鬧春」「鯉魚跳龍門」「百鳥朝鳳」「連年有魚」「四季平安」等。松原地方舊時常見的風箏主要有方塊（俗名豆腐塊兒）、八卦、月亮、七星、美人、合和二仙、蜈蚣等。二十世紀九〇年代以來，軟體風箏漸流行起來，蝴蝶、蜻蜓、燕子、雄鷹、人物等取代了舊式風箏。近年來又有一種無骨風箏，它的結構是引入空氣於絹造的風坑之內，令風箏形成一個氣枕，然後乘風而上。每年初春，多有大型風箏賽事。

▲ 放風箏

滿族傳統服飾習俗

　　滿族髮式、頭飾獨具特色，特別是滿族女子的頭飾，雍容華貴，落落大方。滿族入關前，男子髮式是剃髮留辮，「胡俗皆剃髮，只留腦後少許，上下兩條，結辮以垂。口髭亦留左右十餘莖，餘皆鑷去。」入關後，男子髮辮形式雖無根本變化，但保留的頂髮和髭鬚較前增多。此種髮式主要是便於山林中騎射。滿族人認為髮辮是真魂棲息之所，視為生命之本，在戰場上陣亡的八旗將士，必將髮辮帶回故里，隆重埋葬。

　　滿族婦女在成年前，只梳一根單辮垂於腦後，辮梢上纏紅繩，前額剪成「劉海」，並常以金銀、珠寶製成別緻珠墜角，繫於辮梢上。已婚婦女必須綰髮盤髻，中間橫插一根銀製的扁方，稱「高粱頭」，地方俗稱「大撐子」。其中最典型的是梳「兩把頭」，將頭髮束在頭頂，編成「燕尾式」，長頭髮在後脖頸上，並戴上扇形髮冠，這種髮型稱「旗頭」「京頭」，滿語為答拉赤，俗稱拍子、花冠或稱子。戴上這種寬長的裝飾品，限制了脖頸的扭動，使之身體垂直，加上長長的旗袍和高底鞋，使她們走起路來絲絲碎步，分外穩重、文雅。這種頭飾為滿族婦女所獨有，從而成為典型的民族特徵，十分引人注目。滿族婦女喜鮮花，並喜在頭髮上插金銀、翠玉等製成的壓髮簪、珠花簪。自古以來滿族婦女就重視髮式頭飾，並且從不纏足，故有「金頭天足」之美譽。民國以後，男子剪辮，男女髮式漸同漢族，只是中老年婦女梳髻挽在頭頂，與漢族異。

▲ 滿族傳統服飾

　　滿族的傳統服飾，既充滿北方游牧民族的特色，又兼具漢族服飾的要領，使得滿族的服飾更豐富多樣，富於變化。傳統的滿族的服飾色彩多以淡雅的白色、藍紫

色為主，紅、粉、淡黃、黑色也是其服飾的常用色。在傳統上，滿族有尚白的習俗，以白色為潔、為貴，白色象徵著吉祥如意。

▲ 滿族傳統服飾

　　滿族最具特色的服飾是旗袍。旗袍，滿語稱「衣介」。從古代一直到民國時期，旗袍一直都是滿族男女老少一年四季都穿著的服裝，分為單、夾、皮、棉四種，又分男女兩大類。清初男子旗袍為圓領、大襟、箭袖，四面開衩，繫扣襻，腰中束帶。四面開衩是為了騎射自如。箭袖是為射箭方便，滿語稱「哇哈」，形似馬蹄，又稱「馬蹄袖」，平日挽起，放下可禦寒，後來演變為清朝官員謁見皇上或上司的一種禮節——「放哇哈」。冬季往往在棉袍外套一件長到肚臍、四面開衩、對襟的短褂，俗稱馬褂。馬褂，是滿族男子騎馬時常穿的一種褂子，分紗、單、夾三種，分別由縐紗、綢緞或大絨製成，有大襟、對襟、琵琶襟等多種形式。滿族人為了騎馬方便，喜歡在旗袍長袍的外邊套一種身長至臍、四面開襖的短褂，以御風寒，稱「長袍馬褂」。馬褂在清初僅限八旗士兵穿著，後來逐漸盛行於民間。馬褂後常被皇帝用以賞賜有功之臣。被皇帝賞給「黃馬褂」可謂極高的榮譽。清末。由四開衩改為左右兩開衩，箭袖多改為平袖。

　　坎肩也是滿族人常穿的服飾。坎肩亦稱背心、馬甲、披襖、搭護等，滿語稱窩龍帶。滿族人的坎肩是在進關之後，由於民族融合，受漢族衣著影響的結果。坎肩並不是滿族原有的服裝，是由漢族的「半臂」演變來的。坎肩實為無袖的馬褂。有領，衣長及腹，多為兩側開衩，在領、襟等邊緣處飾以各色花紋。有對襟、大襟、琵琶襟等式和棉、皮、夾、紗之分。內蒙古的滿族男子多喜琵琶襟式坎肩。其式是將衣襟縫成弧形，即襟從領口至右肩處貼胸而下，但不到底，而又左轉至肚臍處，以致下襟缺一小截，其式是為上下馬方便之故。女式坎肩多為對襟式，對襟下端多為如意頭式，衣緣多鑲以豔麗花邊。清代該

服飾窄小，多穿於旗袍內，清末以來尚寬大，多套於旗袍外。

隨著時代的發展，男旗袍已漸棄不用，只有八旗婦女日常所穿的長袍才與後世的旗袍有著血緣關係。滿族婦女穿的旗袍，樣式美觀大方，講究裝飾，在旗袍領口、衣襟、袖邊等處鑲嵌幾道花條或彩牙兒，有的還要鑲上十八道衣邊才算是美。穿起來勻稱苗條，婀娜多姿。有一種女式旗袍叫「大挽袖」，把花紋繡在袖裡，「挽」出來更顯得美觀。天寒時則外加馬褂或馬甲於袍外。旗袍的樣式後來發生了一些變化，開禊從四面改成了兩面；下襬也由寬大改為收斂；袖口也由窄變肥，又由肥變瘦，使其穿起來更加合體。民國年間，女式旗袍多改為胸襟寬鬆、腰身微緊、臀部稍寬、下襬略收的式樣。在不斷演變中，女旗袍由寬腰直筒式演變為緊身合體的曲線式樣，使旗袍成為中國傳統女裝的代表。

其他方面的服飾還有套褲以及肚兜。滿族男女早年流行穿「套褲」。套褲用皮製作，後來改用布。這種服飾，僅有兩條單腿褲筒，不連接在一起，用時分別套在腿上。幹農活時穿套褲不磨褲腿，對老年男女來說又可防風寒。早期滿族男女老幼皆戴布「兜兜」，緊繫腰腹，貼在胸前。製作兜兜十分講究，兜嘴按本旗屬的那種顏色，鑲一寸寬彩色布，繡上吉祥字和圖案。小孩繡「長命百歲」，成年男人繡「吉祥如意」，青年婦女繡花卉，老年婦女繡「盤長」。如遇本歷年一律穿戴紅兜兜。

滿族有「女履旗鞋男穿靴」之說。早期滿族男人多穿雙梁鞋。婦女皆穿「平底鞋」「千層底鞋」。雙梁鞋是滿族男人的便鞋。鞋面多用青布、青緞布料。千層底鞋用多層袼褙做鞋底，故得此名。鞋面多為布料，一般不繡花卉等圖案，多在勞動中穿用。平底鞋，鞋面的材料一般是用布或緞，色澤不一。鞋面上皆繡花卉圖案，鞋前臉兒多繡「雲頭」，屬家常便鞋。

旗鞋，這種繡花的旗鞋以木為底，史稱「高底鞋」，或稱「花盆底」鞋、「馬蹄底」鞋。其木底高跟一般高五至十釐米，有的可達十四至十六釐米，最高的可達二十五釐米。一般用白布包裹，然後鑲在鞋底中間腳心的部位。跟底

的形狀通常有兩種，一種上敞下斂，呈倒梯形花盆狀。另一種是上細下寬、前平後圓，其外形及落地印痕皆似馬蹄。「花盆底」和「馬蹄底」因此而得名，又統稱「高底鞋」。除鞋幫上飾以蟬蝶等刺繡紋樣或裝飾片外，木跟不著地的部分也常用刺繡或串珠加以裝飾。有的鞋尖處還飾有絲線編成的穗子，長可及地。高底旗鞋多為十三四歲以上的貴族女子穿著。老年婦女的旗鞋，多以平木為底，稱「平底鞋」，其前端著地處稍削，以便行走。袷鞋多雙臉兒，美者或用綢緞堆雲錦，名曰雲子鞋。貧者著鞋，唯易袷耳為藍色，稱青鞋。靴子有夾有棉，可用緞、絨、布、革製作。按規定，官員穿方頭靴，平民穿尖頭靴；另有薄底快靴，俗稱「爬山虎」，多為兵丁武士所穿。

　　烏拉是滿族傳統的防寒靴鞋之一，以豬、牛、鹿等獸皮（後多用牛皮）縫製而成。形狀為前尖後圓，前臉兒拿摺，鞋底後面呈方形，釘大圓鞋釘兩個；鞋幫貫以六個鞋耳，鞋口近腳處墊以襯布，並用一細皮帶聯結靴耳。鞋較寬大，穿用時內著氈襪，並須在鞋中充墊「東北三寶」之一的烏拉草。男子出遠門者多穿革靴，其形狀類似烏拉，但其靴腰高，冬季內襯有氈襪，輕便保溫，俗稱為「蹚突馬」。

　　帽子滿語稱「瑪哈」，大致可分為禮帽、氈帽、暖帽、涼帽或便帽等。秋帽，四喜帽又稱「四塊瓦」，有四個毛皮耳，皮耳縫以貂等皮毛，多為富家子弟所有。耳朵帽即氈帽，在天氣寒冷的時候使用，有左右兩耳，上縫製毛皮。滿族婦女秋冬多戴（又稱「困秋帽」），式樣與男帽略同，有簷兒，帽頂有蓋花，並綴有飄帶。但多數婦女冬季戴耳包。便帽，亦稱小帽，由六瓣縫合而成，俗稱瓜皮帽，乃滿族通常戴用的半圓形小帽，多為黑色。富人帽的正前面綴有璧璽或翡翠，亦有綴珍珠者，稱為帽正。暖帽，有簷，即冬季常戴用的毛皮氈帽。在氈帽耳上縫有各種毛皮，高檔者有狐狸毛皮。耳朵帽色為黑色或褐色，左右有帽耳以御風寒。涼帽，也叫草帽，無簷，形如覆釜，用「得勒蘇」草或竹絲、藤絲編成。有綴纓、尖纓涼帽、繫孔羽翎涼帽之別。六合帽，帽面以六塊綢緞拼合而成，俗稱六塊瓦帽，帽下沿鑲有寸寬繡邊，前端釘一個玉或翠的飾物，帽上方綴紅頂。

飲食習俗

　　域內各民族在飲食習俗方面，都有各自不同的習慣和特點，但由於長期民族文化的融合，很多飲食品類和特色小吃等已經成為各民族通用的大眾食品了。

滿族飲食習俗

　　滿族的傳統飲食中，主食最大的特點是「黏」，早自清代，滿族人就喜歡黏食，所製米糕，色黃如玉，質感黏膩爽口。滿族人喜黏食，取其易存放、耐飢餓、便於遊獵和遠途征戰攜帶之利。居於松原特別是扶餘、寧江地方的滿族家庭，普遍喜歡用黏米（大黃米、小黃米）麵做豆包、涼糕、切糕、炸糕、「驢打滾」等食品，統稱為黏餑餑。

小餑餑

　　也叫小豆包，多在冬季以黏米麵包芸豆（或小豆）餡蒸製。小如雞蛋甚至更小，一做幾缸幾簍，蒸熟後冷凍，隨吃隨熱。

「驢打滾」

　　也叫豆捲卷子。黃米麵蒸熟，捫餅，撒以炒熟的黃豆麵（有的摻拌白糖），捲成長卷，再切成小段，一般隨做隨吃。

　　除黏食外，也有頗具特色的麵食、米飯和湯麵類。

荷葉餅

　　也做「合葉餅」，一張餅分為兩層之謂。滿族家庭有農曆二月吃「荷葉餅」的習慣，故又稱為「春餅」。荷葉餅用白麵做，製作時兩層之間放食用油，捫成雙層的薄餅，烙熟後揭開成兩片，內捲雞蛋醬、碎蔥或熟肉片或者炒豆芽等，即可食用。另有與荷葉餅相近的特色食品筋餅（一般為飯店製作）捲蹄髈。

四樣餑餑

即小型的包豆餡兒的饅頭，製成後入模，壓成四種花型，蒸熟食之。一般都在春節前大量蒸製，選質優者，點紅印，作為春節祭祖敬神的供品之一，其餘冷凍存放，節日期間，隨吃隨熱。

「龍虎鬥」

即二米豆飯，用大米、小米、小豆合煮。「鬥」即「豆」的諧音，大米、小米喻之龍、虎，故稱「龍虎鬥」。

秫米（高粱米）水飯

將秫米（高粱米）煮熟，撈到冷水中浸涼即成，多在夏季食用，清涼解暑。

酸湯子

用稍微發酵後的玉米麵糰，用手和特製工具將其擠成筷子粗細的短麵條，葷炒、素炒或做湯麵（伯都訥地方又稱之為「格格豆」）。這種湯麵略帶酸味，吃起來比較爽口。酸湯子是粗糧細作的一種特殊食品。

另外，滿族人喜食的主食還有飯包、酸辣碗坨兒、蕎麵餄餎、鍋貼、鍋烙、特色扁食（餃子）、三鮮合子、過水珍珠湯、「飛火旗」（菱形麵片兒）、「貓耳朵」等。

滿族的糕點主要有薩其瑪，大、小八件，糕乾等。

薩其馬

滿族傳統糕點。舊時製作薩其馬用雞蛋、油脂和麵粉，細切後油炸，再用飴糖、蜂蜜攪拌沁透。時至今日，薩其馬的製作方法已被改良：由雞蛋加入麵粉製成麵條狀再下油鍋炸熟，再用白糖、蜂蜜、奶油

▲ 薩其馬

及各種果脯丁等製成混合糖漿，然後與炸好的麵條混合，壓平、切成方塊，待乾而成。薩其馬是一種以雞蛋為主要原料的方形甜點心，色澤金黃、綿軟香甜、軟硬適度。

大、小八件

八件是採用山楂、玫瑰、青梅、白糖、豆沙、棗泥、椒鹽、葡萄乾等八種餡兒心，外裹以含食油的麵，放在各種圖案的印模裡精心烤製而成的。形狀有腰子形、圓鼓形、佛手形、蝙蝠形、桃形、石榴形等多種多樣且小巧玲瓏。入嘴酥鬆適口，香味純正，是滿族糕點中的上品。大八件一般是八件一共一斤，小八件一般是八件一共半斤。

糕乾

一種粗糧細作的糕點，一般用小米麵加糖乾蒸，切塊。此種糕點二十世紀五〇年代以後已很少見，現已絕跡。

滿族特色菜餚主要有滿族八大碗、火鍋、白肉血腸、汆酸菜、火鍋等。

滿族八大碗

「滿漢全席」之一的「下八珍」，深受民間歡迎。

據《滿族旗人祭禮考》記載：宴會則用五鼎、八盞，俗稱八大碗，年節、慶典、迎送、嫁娶，富家多以「八大碗」宴請。八大碗在當時集中了扒、燜、醬、燒、燉、炒、蒸、熘等所有的烹飪手法。比較常見的滿族八大碗參考菜名如下：1.雪菜炒小豆腐；2.滷蝦豆腐蛋；3.扒豬手；4.灼田雞；5.小雞珍蘑粉；6.年豬燴菜；7.御府椿魚；8.阿瑪尊肉。

其中，「阿瑪尊肉」（俗稱努爾哈赤金肉）最有代表性，此菜據說是清太祖努爾哈赤時代流傳下來的。

火鍋

滿族火鍋的歷史悠久，為滿族的傳統美食。銅鍋炭火，雞湯沸騰，湯中雜以酸菜絲、粉絲，用來涮豬肉、羊肉、雞肉、魚肉。有時還有野雞肉、狍子肉、野鹿肉和飛龍肉，有的也用各種山蘑菇調湯。滿族火鍋作為滿族傳統的飲

食風味，自清代以來，一直傳承不衰。

血腸

滿族喜吃豬肉，逢年節殺豬時，都要請客，名曰「吃血腸」。豬血腸的製法，是將新鮮豬血兌適量溫水，加放調料（有的還要加一些肥肉碎塊），然後灌到洗淨的豬腸裡，煮熟即可食用，名為「血腸」。

滿族白肉血腸

燴酸菜時，加入白肉片、血腸段，另加蘑菇、黃花菜、粉條等配料，即成為滿菜中的一道名菜「白肉血腸」。

樽菜

選細嫩白菜心，用線繩捆成拇指粗，捆一節切一節，長約二寸，用開水焯後，擺放好，用小米米湯澆在上面，至放酸為止。吃時用水洗淨，放入盤內，撒上白糖後食用。其味酸甜可口，又脆又香。此種食法現在已很少見。

酸菜

滿語稱「布縮結」。滿族人很喜歡吃酸菜，醃漬酸菜也是滿族人最具獨創性的製菜、儲菜方式。「漬菜粉兒」「肉片酸菜」「汆酸菜」等菜餚不但是滿族人的傳統菜，也為當地其他民族所認可。

滿族醬

滿族人還喜用一種自製的醬佐食，這種醬的做法類似漢族人做盤醬，大豆炒熟後，再上鍋炸熟，上磨磨成乾糊狀（漢族是乾磨豆粉，然後拌濕），然後做成醬塊。待醬塊發酵約兩個月以後，將乾醬塊取下砍成小塊，磨碎（舊時多用碾子），置入缸中，加鹽加水。再令其自然發酵約一個月，即可食用。

滿族人喜歡食用的菜餚還有醬豬手、醬雞翅、拌生魚、老虎肉（類似紅燜肉）、汆丸子、汆酸菜、鐵鍋烤肉、熘肉（魚）段兒、鍋包肉、扣肉、澆汁魚、各式滷菜及各式燴碗湯。

滿族的特色菜餚在發展中吸收漢族經典菜餚的製作方法和蒙古族特色菜餚，其品種越來越多，品位也越來越高，集合滿、蒙、漢族名菜，既有宮廷菜

餚之特色，又有地方風味之精華，菜點精美，禮儀講究，形成了引人注目的獨特風格，民間稱之為滿漢全席。標準的滿漢全席上菜起碼一〇八種，取材廣泛，用料精細，烹飪技藝精湛，富有地方特色。突出滿族菜點特殊風味的燒烤、火鍋、涮鍋幾乎是不可缺少的菜點；同時又展示了漢族烹調的特色，扒、炸、炒、熘、燒等兼備。

寧江地方的「扶餘滿餐」「滿漢合餐」等特色筵宴，可視為小型的「滿漢全席」，並以主菜的用料分別為宴席命名，如「春江頭魚宴」（又叫開江魚宴）、「全豬席」「海參席」「燕窩席」等。舊時，一般的寧江滿餐的菜餚講究「八頂八」（八種盤裝的炒菜、涼拼和八樣燴碗兒湯），或「六頂六」套菜等。

大眾飲食習俗

清朝以來，寧江地方城鄉居民的主食均以雜糧為主，中下等人家以粗糧為主，米飯類主要是高粱米飯（有條件的摻芸豆合燜）、小米飯、黃米飯等。黃米在端午節時也用來包粽子，為該節令專用食品。粥食類主要有高粱米粥、小米粥、玉米粥（亦多摻芸豆合煮）。粗糧麵食類以玉米麵蒸窩頭、菜包、貼餅子為主，因有時玉米麵中摻10%-20%的大豆麵，故人們又習稱之為「雜合麵」；黃米麵多在冬臘月後蒸豆包（黃米麵糰內包豆餡兒）、撒切糕。另外用於改善生活的有蕎麵，可做麵條、蒸餃、烙餅、軋餄餎；類似食法人們也做一種稱為「格格豆兒」的食品（亦即滿族人傳統食品「酸湯子」，小米或細玉米麵發酵，用鐵皮製漏板，水開後臨鍋，壓出短條，熟後過水泡鹵食用）。東北淪陷中後期，人們不但食用細糧以「經濟犯」論處，而且粗糧也難以接濟，除日偽親貴，主食大部分為「舶來品」橡子麵。逢年過節，食用少許白麵、大米。

平時，下等人家多吃粥食，冬季多改為每日兩餐，荒年或青黃不接時還有輔以糠麩、野菜。上等家庭雖細糧食用量較多些，但亦多搭配粗糧。在粗、細糧食用比例上，既有貧富的差別，也有城鄉的差別，從清朝到民國，再到淪陷

時期，這種差別始終保持著，而且愈益明顯。此一時期，細糧中大米甚少，多為年節食用；白麵類主食品種較多，作為家庭的主食（飯莊、官宴等不在此列），主要有水餃、蒸餃、包子、各種烙餅（油餅、發麵餅、荷葉餅、燒餅、餡餅、合子、酥餅等）、麵條、麵片、饅頭、花捲等，常食用的還有「疙瘩湯」。至於各種點心、餅乾類多為人們年節走親訪友之禮品，很少作為主食食用。

中華人民共和國建立後，人民的生活水平日益提高，主食中細糧比例漸多，雖然二十世紀五〇年代以後糧食定量，但每月的細糧還是完全可以保證供應的。當時的人們，不論階層，無拘職級，在主食的粗細結構上大體相近。即使在三年困難時期，糧食緊張，甚至須「瓜菜代」，或食用一些「代食品」，但一定數量的細糧始終依量供應。二十世紀八〇年代以後，細糧成為城鄉居民的主食；二十世紀九〇年代以後，「舶來」的洋化食品漸為青少年所喜食，如漢堡包、三明治等。牛奶成為大眾化的食品則為近年所興，此前多為嬰幼兒和病弱者保健食用，進入二十一世紀後，已呈大興之勢。

副食類主要有蔬菜和肉蛋兩大類。域內居住的各族人在蔬菜類的食用上大體相同，主要蔬菜品種以土豆、白菜、蘿蔔、茄子、黃瓜等用量較大，常食用的還有角瓜（又稱西葫蘆）、韭菜、芹菜、豆角、辣椒（有青椒、尖椒、小辣椒等之分）、倭瓜、甘藍（大頭菜）、地瓜，以及大蔥、元蔥等；二十世紀三〇年代以後，西紅柿逐漸成為食用蔬菜；七〇至八〇年代以後，引進蔬菜主要有菜花、茼蒿、油菜等。人們常食用的海帶需外進。食用山野菜主要有各種蘑菇、木耳、黃花菜、蕨菜等，後來本地大量引種蘑菇，但其他山菜均需外進。經加工後食用的蔬菜有綠豆芽、黃豆芽、豆腐（乾豆腐和大豆腐）、粉條（以土豆粉為主，以綠豆粉為精品）、涼粉（亦稱粉皮）等。

舊時，食用醃漬菜、乾菜、野菜主要用於彌補冬春季節時鮮菜之不足，現已作為習慣食法而保留。其中食用量較大的主要是酸菜（大白菜泡製發酵後食用，二十世紀七〇至八〇年代開始有用大頭菜代用者）。醃製鹹菜主要有芥菜

（俗稱根部食用部分為「疙瘩」）、苤藍、黃瓜、蘿蔔等。曬乾菜主要有角瓜（旋為長條）、茄子（切片）、蘿蔔（切片），多為冬春食用，現曬製者已漸少，城鄉有少量曬製者，已多為換口味之用。食用野菜主要有苣蕒菜（前時多為野生，近年有人工種植）、蒲公英、薤白（小根蒜、小根菜）、反枝莧（西田谷、野莧菜）、馬齒莧（馬齒菜）、地膚（掃帚菜）、豬毛菜等。此類野菜舊時多為貧苦人家充飢之物，三年困難時期人們亦多採摘以補口糧之不足。近年除苣菜、薤白作為風味野菜偶有食用外，其他已無人食用，然而一些外進山菜如蕨菜、刺老芽、薇菜等頗受人們歡迎。

副食品之肉蛋類，曾是域內古代漁獵部落人之主食，初獵食野生獸、禽，有畜牧業後以食養殖者為主。進入農業社會後漸成為副食品類。畜肉以豬肉、牛肉、羊肉為主；兔肉、狗肉（滿族人忌食，朝鮮族人喜食之）、驢肉偶食之；禽肉以雞、鴨、鵝肉為主。二十世紀八〇年代以後，一些地方發展鹿、鵪、鴿等畜禽養殖業後，部分地方亦偶有鹿肉食用，鵪、鴿、火雞等食用者漸多。二十世紀六〇年代至七〇年代以前，野生動物如野兔、雉（野雞）、鳧（野鴨）、鐵雀、沙斑雞（毛腿沙雞，又稱沙半雞）、大鴇等，時常作為人們嘗新野味食用，其中以野兔、雉、鵪鶉等為多。後因農業發展，人類活動領域之擴大，野生動物棲息地漸少和生活環境的破壞等原因，這些野生動物漸少。近年又因《野生動物保護法》的頒行，食用野味之習便亦漸消，多為以人工養殖的雉、鵪、家兔等所取代。

蛋類以雞蛋為主，鴨、鵝蛋主要用於醃製鹹蛋。二十世紀八〇年代曾流行食用鵪鶉蛋，後因養殖者獲利漸微，現食用鵪鶉蛋已不多見。副食類中的魚、蝦類，二十世紀六〇年代以前，多為天然捕撈，寧江地方有三條江河過境，境內多湖泡，天然魚類曾為地方一絕。六〇年代以後，發展人工養殖，人們食用之魚類則絕大部分為養殖魚類。食用魚類主要有鯉、鯽、鱧（白胖頭）、鱅（花胖頭）、鯰等，另有草魚、白魚、黃顙（嘎牙子）、鯿（鯿花）、烏蘇里（又名烏蘇里擬鱨，俗稱牛尾巴）、鱖（鰲花）、花（吉勾）、泥鰍等。清朝後期二

十世紀三〇年代以前，松花江有鰉魚，每年春季溯松花江而上，到松花江下游產卵。鰉魚形體較大，一般長約五米，大者可達六至七米，肉白脂黃，味鮮美，為清皇室貢品。清乾隆朝以後，有內務府直管的錫伯漁戶由「務戶里達」（總管）組織捕撈，放入「鰉魚圈」飼養，至隆冬取出，凍挺，啟運京師。因貢品標準較高，有時捕得不合標準者，地方上切割出賣，但除達官貴人外，平民很少食用。清末，鰉魚漸少，朝廷取消「鰉魚貢」。之後，由於松花江水質的改變，鰉魚生存環境惡化，鰉魚已極少見。人們食用的水產品副食類還有河蝦和少量的鱉（甲魚）以及青蛙等，另有海產品以刀魚（亦稱帶魚）、黃花魚、螃蟹、對蝦等為常見。

吉林文庫　A0703A11

文化吉林：寧江卷

主　　編	莊　嚴
版權策畫	李　鋒
責任編輯	林以邠

發 行 人	陳滿銘
總 經 理	梁錦興
總 編 輯	陳滿銘
副總編輯	張晏瑞
編 輯 所	萬卷樓圖書股份有限公司
排　　版	菩薩蠻數位文化有限公司
印　　刷	維中科技有限公司
封面設計	菩薩蠻數位文化有限公司

出　　版　昌明文化有限公司

桃園市龜山區中原街 32 號

電話　(02)23216565

發　　行　萬卷樓圖書股份有限公司

臺北市羅斯福路二段 41 號 6 樓之 3

電話　(02)23216565

傳真　(02)23218698

電郵　SERVICE@WANJUAN.COM.TW

大陸經銷　廈門外圖臺灣書店有限公司

　　　　電郵　JKB188@188.COM

ISBN 978-986-496-257-0

2018 年 1 月初版

定價：新臺幣 320 元

如何購買本書：

1. 轉帳購書，請透過以下帳戶

　合作金庫銀行　古亭分行

　戶名：萬卷樓圖書股份有限公司

　帳號：0877717092596

2. 網路購書，請透過萬卷樓網站

　網址　WWW.WANJUAN.COM.TW

大量購書，請直接聯繫我們，將有專人為您

服務。客服：(02)23216565 分機 610

如有缺頁、破損或裝訂錯誤，請寄回更換

國家圖書館出版品預行編目資料

文化吉林. 寧江卷 / 莊嚴主編. -- 初版. -- 桃
園市：昌明文化出版 ；臺北市：萬卷樓發
行, 2018.01

　　冊 ；　　公分

ISBN 978-986-496-257-0(平裝). --

1.文化史　2.人文地理　3.吉林省

674.2408　　　　　　　　　　107002120

本著作物經廈門墨客知識產權代理有限公司代理，由時代文藝出版社授權萬卷樓圖書
股份有限公司出版、發行中文繁體字版版權。